Ich finde mich gut

Beate Diele

Ich finde mich gut

Selbstbewußtsein kann man lernen

Ein Buch für Frauen

BuchVerlag für die Frau

ISBN 3-7304-0419-9

2. Auflage 1997

© **BuchVerlag für die Frau GmbH**
Leipzig 1996

Umschlaggestaltung
Hanne Reinhardt-Fischer, Leipzig

Umschlagfoto
Thomas Schierholz

Typografie
Kay Krause, Leipzig

Lektorat
Christa Winkelmann

Satz
TypoLiner GmbH Leipzig

Druck und Binden
Salzland Druck GmbH & Co. KG, Staßfurt

Printed in Germany

Inhalt

Einleitung

Haben Sie manchmal das Gefühl, daß Sie eigentlich gar nicht so leben, wie Sie gern leben würden? Befinden Sie sich privat oder beruflich in einer schwierigen Situation, aus der Sie sich befreien wollen? Oder möchten Sie nur ganz allgemein mehr für Ihr Selbstbewußtsein tun?

Welcher Anlaß es auch war, der Sie zu diesem Buch greifen ließ: Ich hoffe, daß Sie möglichst viel Nutzen aus der Lektüre ziehen können. Auch oder besonders dann, wenn sich die Aussage »Ich finde mich gut« für Sie vielleicht etwas befremdlich anhört. Sich selber gut finden – darf man das überhaupt? Ist das nicht eitel und überheblich? Wo bleibt die Selbstkritik?

Viele Leute denken so. Sich gut zu finden, das wird oft gleichgesetzt mit mangelnder Selbstkritik. Auch in der Sprache zeigt sich diese Wertung: Wenn von jemandem gesagt wird, er oder sie sei »selbstgefällig«, gilt das nicht gerade als ein Kompliment.

Sich selbst zu mögen und sich gut zu finden, ist jedoch eine entscheidende Voraussetzung dafür, mit dem Leben gut zurechtzukommen. Niemand wird bestreiten, daß zu einer harmonischen Persönlichkeit, zu einem gesunden Ego die Eigenschaft Selbstachtung gehört. Ohne sie können sich weder Selbstbewußtsein noch Selbstvertrauen richtig entwickeln. Doch wie soll jemand Selbstachtung haben, wenn er glaubt, sich nie gut oder nie gut genug finden zu dürfen? Wenn er sich selbst als ärgster Kritiker gegenübersteht und jede seiner Handlungen wie unter einem Vergrößerungsglas beäugt, um mögliche Fehler zu entdecken? Wenn er sich vor lauter Selbstzweifeln kaum wichtige Dinge anzupacken traut?

Es ist beinah ein Teufelskreis: Wer zu wenig Selbstachtung und damit zu wenig Selbstbewußtsein und Selbstvertrauen besitzt, verschenkt viele kostbare Möglichkeiten zum inneren und äußeren Weiterkommen. Er nimmt Dinge, die sein Leben positiv beeinflussen könnten, oft nicht entschieden genug in die Hand. So gibt es tatsächlich immer weniger Anlaß, sich »gut« zu finden.

Menschen mit geringem Selbstbewußtsein neigen auch dazu, ihre Rechte häufig zugunsten anderer zurückzustellen. Nicht aus »Edelmut«, sondern aus Ängstlichkeit. Das löst zusätzlich

Versagergefühle in ihnen aus. Sie ärgern sich darüber, daß sie sich nicht durchsetzen konnten und machen sich Vorwürfe deshalb; ihr Selbstwertgefühl sinkt noch mehr herab. So trauen sie sich im Lauf der Zeit immer weniger zu. Problematische Situationen werden möglichst gemieden. Sie riskieren nichts, probieren nichts Neues mehr aus und lassen so ihre Fähigkeiten tatsächlich verkümmern.

Darüber hinaus sind sie auch noch gesundheitlich stärker gefährdet als jemand, der wohlwollend mit sich umgeht, weil Mißerfolge, Streß und häufige Frustrationen sich in Krankheiten niederschlagen können.

Ich weiß recht gut, wovon ich rede! Ich habe selber viele Jahre lang voller Selbstkritik, Selbstzweifel und Unsicherheit gesteckt! Den Satz »Ich finde mich gut« hätte ich damals nie über die Lippen gebracht. Ich fand beinah gar nichts gut an mir, weder mein Aussehen, noch meine Eigenschaften, noch meine Angewohnheiten, die vom Nägelknabbern bis zum Kettenrauchen kaum eine Schwäche ausließen.

Ich bildete mir höchstens etwas darauf ein, daß ich mich so selbstkritisch und »realistisch« sah!

Mein privater und beruflicher Alltag als alleinerziehende Mutter und Redakteurin bei einer Elternzeitschrift bestand aus unzähligen Kämpfen mit mir selbst und gegen mich selbst. Ich hatte Lampenfieber vor jeder Redaktionskonferenz, bei der ich etwas vortragen mußte, weil ich fürchtete, in peinliches Stottern zu geraten. Wenn ich mit Freunden zusammengewesen war, fragte ich mich hinterher: »Habe ich was Falsches gesagt? War ich zu still? Habe ich zuviel von mir geredet?«

Die Grundschulprobleme meiner Tochter hielt ich für mein eigenes Versagen, weil ich mich als berufstätige Mutter nicht so viel um die Hausaufgaben kümmern konnte. Und natürlich gab ich mir auch die Schuld dafür, daß keine vernünftige Beziehung zu einem Mann zustande kam. Besser gesagt: Ich gab sie mir, meiner Vaterbeziehung und den (herzlosen) Männern im allgemeinen!

Es war schließlich eine massive Angsterkrankung mit Panikattacken, die mich zwang, mich ganz von neuem mit mir auseinanderzusetzen. Der erste dieser Angstanfälle traf mich wie ein Blitz aus heiterem Himmel: Bei einer Autofahrt von

München nach Norddeutschland überfiel mich nach wenigen Kilometern ein so heftiges Angstgefühl, daß ich sofort den Seitenstreifen ansteuern und halten mußte. Mein Herz raste, ich konnte nicht mehr richtig atmen, meine Hände verkrampften sich, ich glaubte zu sterben. Es mußte ein Arzt herbeigerufen werden, der mir etwas zur Beruhigung gab. Nach einer Stunde konnte ich mit weichen Knien weiterfahren – zur nächsten Ausfahrt und von dort aus nach Hause zurück. Solche Panikattacken beim Autofahren wiederholten sich von nun an. Nach jedem weiteren Erlebnis dieser Art wuchs meine »Angst vor der Angst« und löste schon vor dem Einsteigen ins Auto heftige Beklemmungen in mir aus. Schließlich konnte ich mein Auto überhaupt nur noch für die kurze Fahrt von der Wohnung bis zur Redaktion benutzen.

Über diese Erkrankung war damals in Deutschland noch wenig bekannt. »Vegetative Dystonie« diagnostizierte der Internist, den ich wegen meiner vermeintlichen Herzerkrankung aufsuchte, und verschrieb mir ein Kreislaufmittel. Helfen konnte mir das nicht.

Weil ich jedoch dringend Hilfe suchte, griff ich nach jedem Strohhalm, der sich bot. Da es zu jener Zeit hier in Deutschland noch keine Bücher zu diesem Thema gab, las ich unzählige Bücher über Positives Denken und psychologische Ratgeber, in denen es ganz allgemein um bessere Lebensbewältigung ging. Denn daß es seelische Ursachen für meine Todesängste geben mußte, blieb die einzige Erklärung, nachdem organisch alles in Ordnung war. Als Journalistin nutzte ich zudem die Möglichkeit, mich bei Psychologen und sonstigen Fachleuten umzuhören, um mehr über die rätselhaften Angstanfälle zu erfahren.

So erfuhr ich nach langem Suchen, daß es sich bei dieser Erkrankung um eine Überreaktion von Seele und Körper auf belastende Ereignisse handelt. Neben solchen verdrängten Ereignissen, denen ich allmählich auf die Spur kam, hatten meine Panikattacken aber auch viel mit heruntergeschlucktem Ärger, mit meiner übermäßigen Selbstkritik und mit mangelndem Selbstbewußtsein zu tun.

Die intensive Auseinandersetzung mit mir selbst zog viele Veränderungen in meinem Leben nach sich. Kleine und größere Veränderungen – eine nach der anderen. Mit jedem kleinen

»Sieg« sah ich mich weniger negativ und wurde selbstbewußter. Auch die »Angst vor der Angst« verblaßte allmählich, und heute kenne ich das Gefühl gar nicht mehr.

Insgesamt hatte dieser Prozeß jedoch sechs Jahre in Anspruch genommen. Erst nach dieser langen Zeit fühlte ich mich so »geheilt«, daß ich an einem sonnigen Maimorgen mit meiner Tochter angstlos ins Auto steigen und – begleitet von Mozart-Musik – über den Bernina-Paß zu einer Freundin in die Schweiz fahren konnte! Ich fühlte mich selig wie jemand, der nach einer langen Lähmung wieder laufen kann! (Ein Jahr darauf lernte ich bei einem Fest dieser Freundin meinen heutigen Mann kennen.)

Seit jenen Erfahrungen damals weiß ich: Man kann die Sichtweise von sich selbst und damit sein Leben völlig neu gestalten! Es ist wirklich möglich. Doch es gehört Zeit und Geduld dazu. Mit der Lektüre eines einzigen Buches ist es nicht getan. Deshalb verspreche ich Ihnen auch nicht, daß Sie nach diesem Buch »ein neuer Mensch« sein werden. Vielleicht kann es Sie aber ein wenig dazu ermutigen, daß Sie anfangen, sich mit neuen Augen zu sehen und mehr Selbstachtung zu entwickeln.

Den eigenen Wert zu schätzen heißt übrigens nicht, daß Sie sich ab jetzt völlig unkritisch sehen sollen. Natürlich muß man eigene Verhaltensweisen und Einstellungen immer wieder überprüfen. Habe ich richtig gehandelt? Wie ist es um meine Vorurteile bestellt? Gibt es gute Gründe, meine Meinung über eine bestimmte Sache zu ändern? Solche Fragen werden immer wichtig bleiben. Und die Antworten darauf sollten immer ehrlich sein.

Es ist jedoch ein Unterschied, ob man sich bei einem Irrtum oder Fehlverhalten als ganze Person in Frage stellt, oder ob man nur sachlich – oder auch erschrocken! – erkennt: Hier habe ich mich also geirrt. Hier habe ich einen Fehler begangen. Hier muß ich mich besser informieren, damit ich nicht mehr länger eine falsche Meinung vertrete!

Echtes Selbstbewußtsein hat auch nichts mit Arroganz, Egoismus oder rücksichtslosem Durchsetzungswillen zu tun. Wer wirklich selbstsicher und selbstbewußt ist, braucht sich nicht auf Kosten anderer in den Vordergrund zu spielen. Er achtet die Rechte und Interessen seiner Mitmenschen – aber er vernachlässigt darüber nicht seine eigenen Wünsche und Bedürfnisse!

Und darum geht es auch bei Ihnen, wenn Sie selbstbewußter

werden wollen. Sie müssen es sich zugestehen, daß Sie es *wert* sind, eigene Ansprüche zu haben, und daß Sie es bereits jetzt, in diesem Augenblick wert sind! Es geht also zunächst einmal darum, daß Sie sich ohne jede weitere Veränderung genau so annehmen und gut finden können, wie Sie momentan äußerlich und innerlich sind!

Ein seltsamer Gedanke für Sie? Bisher haben Sie vielleicht überwiegend in dem Gefühl gelebt, daß Sie immer erst etwas »leisten« müssen, bevor Sie zufrieden mit sich sein dürfen. Es ist eine der prägenden Erfahrungen aus der Kindheit und Schulzeit: Erst wenn wir bestimmte Leistungen – Bravsein, Anpassung an die elterliche Erwartungen, gute Noten – erbringen, finden wir die Anerkennung der anderen.

Diese Einstellung übertragen später vor allem Frauen häufig auf sich selbst: Erst wenn sie bestimmte Ziele erreicht haben – und sei es nur das Wunschgewicht -, glauben sie, mit sich zufrieden sein zu dürfen. Erfüllen sie diese selbstgestellten Anforderungen nicht, hadern sie mit sich. Sie halten sich für schwach und unfähig, betrachten sich mit Ablehnung und entwickeln manchmal sogar Selbsthaß.

Sich selbst gut zu finden, bedeutet aber nun keineswegs Stillstand. Im Gegenteil.

Zur Selbstliebe im positiven Sinn gehört es, in jedem Lebensabschnitt seine geistigen, seelischen und körperlichen Fähigkeiten so weit zu entwickeln, wie es in dieser Stufe möglich und angemessen ist. Und das fällt viel leichter, wenn Sie sich mit wohlwollenden Augen sehen und sich akzeptieren können. Denn dann schränken Sie sich nicht selbst dauernd ein und behindern sich nicht unentwegt mit heimlichen Befürchtungen und Ängsten.

Mit einem positiven Selbstbild verändert sich aber auch die Einstellung zu anderen. Wer sich in seiner eigenen Unvollkommenheit annehmen und lieben kann, sieht auch die Unvollkommenheit anderer mit größerer Nachsicht und besserem Verständnis. Dadurch kann er gelassener, freundlicher und großzügiger mit ihnen umgehen.

Menschen mit einem positiven Bild von sich selbst haben natürlich auch Probleme. Aber sie gehen anders an sie heran.

Denn sie sind überzeugt: Ich schaffe, was ich mir vornehme.

All das klingt einfacher als es ist. Ich weiß sehr gut, daß zwischen Theorie und Praxis oftmals ein weiter Weg liegt. Falls Sie es jahrelang gewohnt waren, sich sehr selbstkritisch zu sehen, können Sie diese Haltung kaum von heute auf morgen ändern. Schon gar nicht dann, wenn es in Ihrer Umgebung Menschen gibt, die Ihr ohnehin schwaches Selbstwertgefühl noch zusätzlich untergraben: ein Partner, dem Sie nichts rechtmachen können, ein selbstherrlicher Chef.

Fangen Sie dennoch an, sich mit Ihrem Selbst anzufreunden!

Ich kann Ihnen versichern: Es lohnt sich! Ihr gesamtes Lebensgefühl wird sich verändern, wenn Sie mehr Selbstvertrauen und Selbstbewußtsein entwickeln und so in größerem Einklang mit sich selbst leben!

Lassen Sie sich auch nicht verunsichern, wenn Ihre Umgebung Ihre schrittweisen Veränderungen längst nicht so positiv empfindet wie Sie selbst! Natürlich ist es für den Ehepartner, die eigenen Kinder oder Kollegen zunächst beunruhigend, wenn Sie Ihre eigenen Ansprüche nicht mehr automatisch den ihren unterordnen.

Versuchen Sie, Ihre Familie miteinzubeziehen. Heranwachsende Töchter und Söhne finden es in aller Regel toll, wenn ihre Mutter plötzlich selbstbewußter auftritt. Und auch Ihr Partner sollte eigentlich froh darüber sein. Geben Sie ihm Zeit, sich daran zu gewöhnen. Und dann genießen Sie gemeinsam die neugewonnene Lebensqualität!

AUSSEHEN UND SELBSTBILD

Wenn wir uns eine Vorstellung von uns machen, haben wir es mit zwei unterschiedlichen Selbstbildern zu tun. Das eine Selbstbild betrifft unsere äußere, körperliche Erscheinung. Das ist die Person, die wir von unserem Spiegelbild her kennen, vom Gang zur Waage, vom Besuch beim Friseur, von Arztterminen und Fotos. Wir kümmern uns um diese äußere Erscheinung, wir ernähren, kleiden und pflegen sie.

Das andere Selbstbild betrifft unser inneres Ich. Das ist die leise Stimme in uns, die unsere Gefühle und unsere Handlungen unentwegt kommentiert und beeinflußt. Unablässig führen wir innere Monologe und Zwiegespräche. Sie sind uns zum Teil bewußt, zum Teil laufen sie unbewußt ab. Jedes neue Erlebnis, jeder starke Eindruck, jeder für uns wichtige Gedanke, den wir hören oder lesen, wird in unsere innere Welt eingespeist. Dort lösen die jeweiligen Eindrücke neue Überlegungen, Schlußfolgerungen und Verhaltensweisen aus. Und so fügt sich unserem Ich wieder eine neue Facette hinzu.

Der Körper ist dabei unser Werkzeug, mit dem wir das Leben erfahren. Er ist Träger unserer Gesundheit, unserer Sinnesorgane, unserer Instinkte und Gefühle. Wir sind darauf angewiesen, daß er möglichst störungsfrei funktioniert.

Unser körperliches Erscheinungsbild ist zugleich das Ich, das von den Mitmenschen wahrgenommen wird. Es ist das Ich, das sie mit Blicken »prüfen« und beurteilen, das Sympathie oder Antipathie in ihnen auslöst. Wenn wir jemanden zum erstenmal treffen, zieht er innerhalb kürzester Zeit Rückschlüsse auf unsere Persönlichkeit, allein aus unserem Aussehen. Und dieser erste Eindruck hat oft entscheidende Folgen. Das wissen wir. Und dieser Gedanke kann uns Angst machen. Ein großer Teil unserer Unsicherheit rührt daher, daß wir mit unserem Aussehen nicht einverstanden sind. Wir fürchten, einen schlechten Eindruck auf andere zu machen und abgelehnt zu werden. Diese Angst kann unser Verhalten stark beeinflussen.

Sich mit sich selbst auseinanderzusetzen und lieben zu lernen,

Keine Angst vor dem ersten Eindruck

bedeutet deshalb auch, sich zunächst mit dem eigenen Körper auseinanderzusetzen:

- Wie sehe ich mich?
- Wie empfinde ich mich?
- Was glaube ich, wie ich von anderen gesehen werde?
- Was lehne ich ab an mir, was möchte ich an meinem Aussehen ändern?
- Was mag ich an mir?

Körperbild und Selbstwertgefühl

Was fällt Ihnen ein, wenn Sie an Ihren Körper denken? Sie stellen sich dabei Ihr Gesicht oder Ihre Figur vor, Ihre Frisur oder Fingernägel. Vielleicht ist Ihnen aber momentan Ihr Aussehen längst nicht so wichtig wie der Wunsch, daß Ihre Rückenschmerzen endlich verschwinden. Möglicherweise waren Sie gerade beim Zahnarzt und spüren noch die unangenehmen Nachwirkungen. Vielleicht aber sind Sie heute auch schon geschwommen und fühlen sich jetzt wunderbar frisch.

Die Beispiele zeigen: Unser körperliches Selbstbild setzt sich aus verschiedenen Elementen zusammen. Das Aussehen ist nur eins davon. Mindestens genauso bedeutsam sind die Schmerzempfindungen, die von einzelnen Körperteilen ausgehen können, und unsere jeweilige Stimmung. Bei Schmerzen rückt alles andere in den Hintergrund. Im Normalfall jedoch überwiegen bei unserem körperlichen Selbstbild die Gedanken über unser Aussehen und die dadurch ausgelösten Gefühle.

Diese Gefühle haben große Rückwirkung auf unser Selbstwertgefühl. Wie wir tatsächlich aussehen, spielt dabei gar keine so große Rolle. Entscheidend ist es vielmehr, wie wir *glauben*, gesehen zu werden. Und das wiederum hängt von einer Unmenge von äußeren Einflüssen ab: von dem, was wir als Kinder über unser Aussehen hörten, von den jeweils aktuellen Schönheitsidealen, von der Bedeutung unseres Aussehens für unseren Beruf und vor allem von der Werbung.

Bis vor kurzem waren von der ständigen Sorge um das Aussehen fast nur die Frauen betroffen. Männer durften – sowohl nach den Erwartungen der Umwelt als auch nach ihren eigenen

Vorstellungen – ruhig dick sein oder andere Unvollkommenheiten aufweisen. »Schönheit« war höchstens von manchen Schauspielern gefordert.

Inzwischen ist hier eine Wandlung im Gange. Jetzt sind die Männer beinah genauso dem Bombardement der Werbebotschaften ausgesetzt wie Frauen, sollen schlank und schön sein. Mit dem Erfolg, daß auch viele von ihnen ihr Selbstwertgefühl zunehmend von ihrer möglichst makellosen Erscheinung abhängig machen.

Jedes Kind hat zunächst ein Körperbild von sich im Kopf, über das es gar nicht weiter nachdenkt. Sicher erinnern Sie sich noch an die Momente reiner Lebensfreude, in denen Sie auf einer Schaukel hin- und herschwangen, auf Bäume kletterten, Karussell fuhren oder mit Sand und Wasser matschten.

Eine kritische Vorstellung Ihres Körpers lag Ihnen damals völlig fern. Sie genossen einfach das Wohlgefühl, das Ihnen durch Ihren Körper geschenkt wurde, durch Schaukeln und Klettern, Rennen und Springen, Turnen und Schwimmen, Werfen und Fangen.

Unbeschwerte Kinderzeit des Wohlgefühls

Diese unbeschwerte Zeit ist jedoch nur von ziemlich kurzer Dauer. Schon in der Schule wird das Aussehen immer wichtiger. Wer ein bißchen aus dem Rahmen fällt, weil er vielleicht besonders klein oder groß, dick oder dünn ist, ein Muttermal hat oder sonst eine Auffälligkeit, muß sich schon früh manche verletzende Bemerkung anhören. Aber auch wenn keine speziellen Körpermerkmale vorliegen, wird Kindern bald bewußt, daß sie nach dem Aussehen beurteilt werden. Sie fangen an, sich mit anderen zu vergleichen – und sie beurteilen andere ebenfalls nach dem Äußeren.

In der Pubertät wird das Aussehen dann noch wichtiger. Als Mädchen vergleicht man sich nicht mehr nur mit den Mitschülerinnen, sondern mit TV-Jugendlichen, mit Schlagerstars und den superschlanken Models der Mode- und Werbebranche. Ganz klar, daß man bei solchen Vergleichen immer den kürzeren ziehen muß.

Man fühlt sich zu dick, zu mager, zu klein, zu groß, zu pickelig. Man glaubt zuviel oder zu wenig Busen zu haben, verbirgt seine Formen in überweiten Pullis oder täuscht mit Einlagen mehr vor, als vorhanden ist. Später normalisiert sich das wieder.

Aber dennoch entfernt uns die Vielzahl der Botschaften im Lauf der Zeit immer mehr von unserem natürlichen Verhältnis zum Körper. Unser Körperbild besteht schließlich aus all den Beurteilungen, die wir im Lauf der Zeit über uns hörten und aus dem, was wir aus den gesellschaftlichen Vorgaben und Leitbildern für uns selbst herausfilterten.

Zwar versprechen uns Wirtschaft und Industrie unaufhörlich, »jeder Frau« (– und mittlerweile auch »jedem Mann«) mit ihren Angeboten und Produkten zu einem strahlenden, glanzvollen, perfekten Aussehen zu verhelfen. Doch zunächst tun sie alles, um die ohnehin vorhandenen kritischen Empfindungen uns selbst gegenüber zu vertiefen und uns möglichst unzufrieden mit unserer äußeren Erscheinung zu machen.

Nichts an uns ist ohne die Benutzung all der angepriesenen Produkte akzeptabel. Wir haben »Körpergeruch«, »glanzloses Haar«, unreine, zu fettige oder zu trockene Haut, Cellulitis, »lästige, störende Härchen«, wir haben »kritische Tage«, schlechten Atem, wir brauchen künstliche Fingernägel und eine andere Haarfarbe. Und eigentlich brauchen wir jedes Jahr ein neues Gesicht. Ein jüngeres natürlich.

Selbst das wird uns inzwischen versprochen. Artikel in Wochenmagazinen, Berichte im Fernsehen suggerieren uns, daß wir uns durch ein paar »harmlose kleine Eingriffe« am gesunden Körper zu schöneren und jugendlicheren Erscheinungen modellieren lassen sollten. Lippen und Lider,

Falten und Doppelkinn, Busen und Bauch können durch moderne Methoden der Schönheitschirurgie oder Einspritzen von künstlichen Substanzen »korrigiert« werden. Nein, sie »müssen« es sogar.

Die »Botschaften« der Werbebranchen wirken

Und die Botschaft kommt an: Die entsprechenden Branchen boomen, die Umsätze steigen, die Schönheitschirurgen erhalten auch in Deutschland immer mehr Zulauf. Sogar Eltern wirken schon dabei mit, ihren Kindern entsprechende Schönheitsoperationen einzureden: Vor einiger Zeit sah ich eine Fernseh-Talkshow, in der eine hübsche Achtzehnjährige von ihrer kürzlich erfolgten »Nasenkorrektur« erzählte und von ihrem Glücksgefühl darüber. Wie war sie daraufgekommen, sich so früh operieren zu lassen. »Wenn ich früher unsere Wohnung betrat, hat mich mein Vater immer ausgelacht und gesagt:

›Jetzt kommt Nase!‹ Mit meiner neuen Nase findet er mich aber gut.«

Nun könnte man meinen, daß es nach all den Möglichkeiten zur Verschönerung heute immer mehr Leute gibt, die mit ihrem Aussehen glücklich und zufrieden sind. Doch weit gefehlt. Umfragen zeigen: 90 Prozent aller Frauen haben etwas an sich auszusetzen, würden gern etwas an ihrem Aussehen ändern, stufen sich oder bestimmte Körperteile – Nase, Ohren, Augen, Busen, Bauch, Po, Oberschenkel, Beine, Arme, Haut oder Haare – als unattraktiv ein.

Nun ist es unmöglich, daß sich unter 90 Prozent aller Frauen nicht auch sehr gut aussehende Frauen befinden, die sich eigentlich uneingeschränkt über ihr Äußeres freuen könnten. Wenn also dennoch so viele Frauen mit sich unzufrieden sind, zeigt das, wie stark die ständige Beeinflussung von außen wirkt.

Keine der Generationen zuvor ist je so mit Aufforderungen bombardiert worden, sich schöner, schlanker, jugendlicher zu gestalten. Keine mußte sich unaufhörlich sagen lassen, daß der weibliche – und jetzt auch der männliche – Körper mit Mängeln und Makeln behaftet ist. Keine hatte mehr Möglichkeiten zur Verbesserung – und keine wies so viele Unzufriedene auf!

Selbst Frauen mit Kleidergröße 36 oder 38 empfinden sich als »zu dick« oder glauben, »einen Bauch« zu haben. Die große Unzufriedenheit liegt daran, daß wir beim Gedanken an unser Äußeres keineswegs das reale Spiegelbild vor unserem geistigen Auge sehen, sondern eben das Bild, das wir uns aus all den Informationen, Wertungen und Erwartungen von uns zusammengefügt haben. Und das besitzt manchmal nur wenig Ähnlichkeit mit der tatsächlichen äußeren Erscheinung.

Auch das grundsätzliche Lebensgefühl hat mit dem wirklichen Aussehen oft nur wenig zu tun. Eine Frau kann sich »fett« fühlen, obwohl sie es objektiv gesehen absolut nicht ist, und deshalb unzufrieden mit sich und der Welt hadern. Eine übergewichtige Frau, die an ihren Pfunden nichts auszusetzen hat und ihr Leben genießt, kann eine positive, kraftvolle Ausstrahlung haben, mit der sie auf alle gewinnend wirkt. Und das wiederum verstärkt ihr Wohlgefühl noch zusätzlich.

Wie subjektiv das Empfinden über das eigene Spiegelbild ist, wissen Sie von sich selbst am besten: Obwohl Sie immer dieselbe Person sind, spiegelt Ihr Spiegel Ihnen stets andere Bilder von sich zurück. An manchen Tagen können Sie sich nicht ausstehen, Ihnen »graut« bei Ihrem eigenen Anblick, und Sie weichen Spiegeln nach Möglichkeit aus.

An anderen Tagen gucken Sie die Person, die Ihnen da entgegenblickt, ganz gern an, lächeln ihr vielleicht sogar freundlich zu. Und wenn Sie verliebt sind – glücklich verliebt, wohlgemerkt! –, finden Sie sich selber strahlend und begehrenswert!

Beim Betrachten des Spiegelbildes geht es also um mehr als die bloße Feststellung, wie man an diesem Tag und in diesem Augenblick aussieht. Unsere gesamte Einstellung uns selbst gegenüber ist eng mit der Wahrnehmung unseres Spiegelbildes und dem damit verbundenen subjektiven Körperbild verknüpft. Und das hat weitreichende Folgen.

Wenn wir uns äußerlich akzeptieren können, leben wir anders. Wir treffen unsere Entscheidungen von einer anderen Warte aus, gehen anders auf die Menschen zu und setzen uns andere Ziele, als wenn wir uns ablehnen. Schon der morgendliche Start in den Tag ist ein anderer, wenn wir uns mit einem guten Gefühl im Spiegel über dem Waschbecken betrachten und uns selbst sympathisch finden.

Auch beim Blick auf die Waage registrieren Sie nicht nur Ihr reales Gewicht, sondern lösen unter Umständen heftige Gefühle in sich aus. Freude und Stolz vielleicht, wenn Sie wieder ein Kilogramm abgenommen haben (und das nicht aus Krankheitsgründen, denn dann würde man erschrocken auf den Gewichtsverlust reagieren!), Schuldgefühle, wenn Sie zugenommen haben. Die Waage wird somit – wie der Spiegel – zum Maß dafür, wie sehr Sie sich annehmen oder ablehnen. Sie können sich sagen: »Ich bin eine Versagerin, ich habe keine Selbstdisziplin!« Aber auch: »Toll, ich hab's geschafft und wieder etwas abgenommen!«

Selbstachtung und Selbstwertgefühl hängen also eng mit Ihrem Körperbild zusammen. Da dieses Körperbild jedoch in erster Linie in Ihrem Kopf existiert, heißt das auch, daß Sie gar nicht unbedingt äußerlich etwas an sich verändern müssen, wenn Sie Ihr Selbstwertgefühl verbessern wollen. Sie brauchen dazu nur Ihre Vorstellung von sich zu verändern.

Eine Veränderung am Aussehen kann umgekehrt oft auch ein Hinweis darauf sein, daß sich im Kopf des betreffenden Menschen – also seiner Einstellung zu sich – etwas geändert hat oder ändern soll.

Sie haben das vielleicht bei sich oder anderen Frauen auch schon (öfter) erlebt: Nach einer mühsam überstandenen Selbstwertkrise, ausgelöst zum Beispiel dadurch, daß man von einem Mann verlassen wurde, geht man entschlossen zum Friseur und läßt sich einen völlig neuen Haarschnitt verpassen. Mit diesem symbolischen Akt demonstriert man sich selbst und auch nach außen:

»Ich bin nicht mehr die gleiche Person wie vorher! Ich bin ich, ich stehe zu mir, und so müßt ihr mich ab jetzt akzeptieren!«

Die Folgen eines negativen Selbstbilds

Das Beispiel zeigt aber auch: Positive Gefühle für sich und das eigene Körperbild machen aktiv, schwungvoll und unternehmungslustig. Sie füllen uns mit Energie und Lebensfreude.

Negative Gefühle dagegen lassen uns passiv auf der Stelle verharren, lähmen und behindern uns. Der Körper wird wie ein Feind betrachtet, dem wir nicht gewachsen sind. Wir unterwerfen uns möglicherweise »kampflos« und resignierend. Oder wir nehmen immer wieder – in Erwartung des Mißerfolgs – verbissene Kämpfe gegen ihn auf.

Wer sich nicht leiden kann, geht unachtsam mit sich um und quält seinen Körper oft mit Gewaltkuren. Unmäßiges Essen, Trinken, Rauchen sind ebenso ein Ausdruck für die Mißachtung des eigenen Körpers wie permanenter Schlafmangel, übertriebenes Jogging und Fitness-Training oder der Mißbrauch von Medikamenten.

Wer sich ständig mit Tabletten ruhigstellt oder wachhält, wer körperliche Hilfeschreie – häufige Kopf- oder Magenschmerzen zum Beispiel – immer wieder medikamentös zu bekämpfen versucht, anstatt den Ursachen dafür auf den Grund zu gehen, bringt seinem Körper nicht die erforderliche Fürsorge entgegen. Er behandelt ihn lieblos und undankbar.

Ein negatives Körperbild kann jedoch auch als Vorwand dazu verwendet werden, sich bewußt gehenzulassen. Das Aussehen – zum Beispiel Übergewicht – dient dann als (bequeme) Entschuldigung dafür, daß wir nicht so leben, wie wir eigentlich wollen. Ist es nicht ganz praktisch, sich sagen zu können: Wenn ich anders (schlanker, kleiner, größer, vollbusiger, weniger vollbusig, attraktiver, jünger) aussehen würde,

- hätte ich beruflich mehr Erfolg;
- hätte ich nicht so viele Enttäuschungen erlebt;
- hätte ich mehr Chancen bei Männern;
- würde ich mehr Freunde finden;
- könnte ich beim Sex mehr aus mir herausgehen;
- würde mein Mann nicht nach anderen Frauen Ausschau halten;
- würde ich weniger oder gar nicht mehr rauchen;
- würde ich nicht so viel naschen;
- würde ich meinen Kummer nicht in Alkohol ertränken;
- würde ich selbstbewußter auftreten;
- würde ich schwimmen (Radfahren, joggen).

So gibt es für alles eine gute Erklärung – eben das Aussehen –, und man braucht sich in keinem Bereich zu fragen, ob die Wurzeln für die Mißstände und Mißerfolge nicht vielleicht ganz woanders liegen und man dort mit den Veränderungen beginnen müßte.

Dabei hängen Geist und Körper natürlich wirklich eng zusammen und beeinflussen sich gegenseitig. Eine positive, liebevolle Einstellung zu Ihrem Körper zu haben und auf ihn zu achten, hilft Ihnen, Ihr seelisches Wohlbefinden zu steigern und destruktive Gedanken zu verscheuchen. Umgekehrt kann Ihr Körper durch negative Gedanken und Gefühle anfälliger für Krankheiten werden. So ist es seit langem bekannt, daß das Immunsystem durch Stress geschwächt wird.

Mehr auf Ihren Körper und Ihr Aussehen zu achten – ohne dabei in zwanghaften Fitneß-, Schönheits- und Gesundheitswahn zu verfallen – würde Ihnen helfen, Ihre geistige, seelische und natürlich auch Ihre körperliche Gesundheit zu steigern. Dazu kann durchaus auch gehören, daß Sie mit einem bestimmten Make-up oder einer anderen Haarfarbe Ihr Wesen besser unterstreichen oder sich anders – selbstbewußter? – kleiden als bisher.

Wie sehen Sie sich?

Anstatt weiterhin gegen Ihren Körper zu kämpfen oder sich ihm deprimiert zu unterwerfen, versuchen Sie einmal, sich einigermaßen vorurteilslos und objektiv im Spiegel und in Gedanken zu betrachen und eine genaue Bestandsaufnahme zu machen. Schreiben Sie alles auf, was Sie stört, aber auch, was Ihnen an sich gefällt.

Kritisch Bilanz ziehen

Wie empfinden Sie beispielsweise Ihr Gewicht? Ihre Figur? Ihren Busen? Ihre Größe? Ihr Gesicht? Ihre Haare? Die Beschaffenheit der Haut? Ihre Zähne? usw.

Wie stehen Sie im Zusammenhang mit Ihrem Aussehen zu Ihrem Alter? Würden Sie gern jünger aussehen?

Gibt es körperliche Merkmale, die Sie als störend empfinden? Welche sind das? Lassen sie sich verändern?

Und wenn sie sich verändern lassen: Auf welche Weise könnte man etwas daran verändern?

- Durch Maßnahmen wie mehr Bewegung, Sport?
- Durch Änderung der Eßgewohnheiten?
- Durch kosmetische Hilfsmittel (Lippenstift, Make-up etc.)?
- Gibt es einen so gravierenden »Schönheitsfehler«, daß Sie dafür sogar einen chirurgischen Eingriff mit all seinen Risiken – Narkoseschaden, Mißlingen der Korrektur, wulstige Narbenbildung, optischer Verschlimmerung – auf sich nehmen würden?

Um sich eine klare Vorstellung darüber zu machen, welches körperliche Selbstbild Sie von sich haben, schreiben Sie sich auch einmal auf, welche Komplimente Sie im Verlauf Ihres Lebens gehört haben

- als Kind, als Jugendliche, in der letzten Zeit?
Welche Gefühle lösen diese Komplimente jetzt in Ihnen aus? Wie haben Sie sie damals aufgenommen? Sind Sie der Ansicht, daß das Kompliment berechtigt war? Oder hatten/ haben Sie

grundsätzlich den Eindruck, daß wohlwollende, freundliche
Aussagen nicht auf Sie zutreffen?
Welche Kritik an Ihrem Aussehen ist Ihnen in Erinnerung?
Welche Kritik hat Sie verletzt? Können Sie heute darüber lä-
cheln? Oder nagt die Beurteilung immer noch an Ihnen?

Zur Einschätzung Ihres Körpers gehört es nicht nur, daß Sie
sich über den Zusammenhang zwischen Ihrem Körperbild und
Ihrem tatsächlichen Aussehen bewußt werden, sondern auch
über seine Funktionen.

Gewöhnlich denken wir daran nur, wenn etwas nicht so funk-
tioniert, wie wir das wollen und brauchen, also wenn wir
Schmerzen oder Verletzungen haben, wenn uns unerklärliche
Anzeichen beunruhigen oder wenn wir krank sind.

Unser Körper sollte es uns jedoch auch zwischendurch wert sein,
daß wir uns um ihn kümmern und ihn nicht vernachlässigen.

Machen Sie auch über Ihren gesundheitlichen Zustand einmal
eine genaue Bestandsaufnahme, um zu erkennen, ob Sie nicht
etwas für sich tun müßten. Und wenn dieses »Tun-müßten« nur
in einem Vorsorgetermin beim (Frauen-)Arzt besteht, bei dem
Ihnen dann bestätigt wird: Alles in Ordnung!

DAS INNERE SELBSTBILD

Wir entwickeln uns nicht nur körperlich nach unseren gene-
tischen Anlagen, sondern wir tragen – als Menschen – auch
das Bedürfnis nach geistiger Entfaltung in uns. Wir haben ein
Empfinden für solche Werte wie Wahrheit und Gerechtigkeit,
Liebe und Freundschaft, aber auch für Verantwortung und
Schuld.

Dieses Empfinden kann im Lauf der Zeit verfeinert und erweitert, aber auch unterdrückt und zugeschüttet werden. Das Wissen um diese Werte dient uns als Orientierungshilfe bei den Entscheidungen, die wir für uns selbst treffen, und bei unserem
Verhalten anderen gegenüber.

Zusätzlich dazu bringt jedes Kind schon bei seiner Geburt ein
Bedürfnis mit, seine individuellen Möglichkeiten und Begabungen weitgehend zu entwickeln.

Grundlage, um mit der Welt zurechtzukommen und diese angeborenen Bedürfnisse nach geistiger Entfaltung, nach einem sinnvollen Leben, nach Anerkennung, schöpferischer Betätigung und liebevollen Beziehungen zu stillen, ist es, uns zu akzeptieren und zu achten.

Ohne Selbstachtung könnte das Gefühl entstehen, daß es gar nicht auf uns ankommt, daß es eigentlich egal ist, ob wir leben und wie wir leben. Ohne wirkliche Selbstachtung ist es uns auch schlecht möglich, unsere Vorstellungen von einem sinnvollen Leben durchzusetzen. Und genau damit haben viele so große Probleme.

Ähnlich wie unser äußeres Selbstbild von äußeren Einflüssen geprägt wurde, ist auch unser inneres Selbstbild aus den bisherigen Erfahrungen mit der Umwelt zusammengesetzt. Die Ursachen dafür, ob jemand sich mag oder nicht, liegen hauptsächlich in der Kindheit.

Erfahrungen prägen das innere Selbstbild

Wer sich ungeliebt fühlen mußte, hat es später schwer, sich anzunehmen und in Einklang mit sich zu leben. Wer sich als Kind als ein »Nichts« vorkommen muß, wird Hoffnungslosigkeit als sein Hauptlebensgefühl entwickeln, das er später mit selbstzerstörerischen Mitteln – Drogen, Alkohol – zuzudecken versucht.

Wer nichts über seinen eigenen Wert und den seiner nächsten Angehörigen erfährt, dem wird es auch schwerfallen, den Wert in seinen Mitmenschen zu entdecken und zu respektieren. Sein Lebensgefühl besteht in der Vorstellung: Ich bin nichts wert, du bist nichts wert.

Aber auch die ganz »normale Erziehung« sorgt manchmal dafür, daß die guten Anlagen eines Kindes mehr verschüttet als unterstützt und verstärkt werden. Vor lauter Kritik entwickeln sich dann übertriebene Selbstzweifel. Und so müssen die ersten Erwachsenenjahre erst einmal dazu verwendet werden, die Fehler aus der Kindheit zu korrigieren.

Der amerikanische Arzt und Psychiater Eric Berne drückte diesen Sachverhalt mit dem Bild aus: »Die Menschen werden als Prinzen und Prinzessinnen geboren, bis ihre Eltern sie in Frösche verwandeln.«

Eine Freundin von mir gebrauchte dazu den Spruch: »Zwanzig Jahre lang wird man verbogen, zwanzig braucht man, um sich wieder zurechtzubiegen. Und erst dann kann man mit dem eigentlichen Leben anfangen.«

Um auszuloten, wie Ihr inneres Selbstbild gegenwärtig aussieht und wie weit Sie von Ihrem wahren Selbst (vorläufig noch) entfernt sind, sollten Sie auch Ihr inneres Ich einmal genau betrachten.

Die Fragen, denen bei dieser Bestandsaufnahme nachzugehen ist, lauten unter anderem: Wie sah der Einfluß Ihrer Eltern aus? Welchen Einfluß haben sie heute noch auf Sie? Unter welchen Ängsten leiden Sie? Wie lauten gewöhnlich die Kommentare Ihrer einprogrammierten »inneren Stimme«? Auf welchen Gebieten fühlen Sie sich besonders unsicher? Worin bestehen Ihre Begabungen? Können Sie Ihre Begabungen und Fähigkeiten zum gegenwärtigen Zeitpunkt entfalten? Können Sie nach Ihren Wertvorstellungen leben? Oder haben Sie manchmal das Gefühl, daß eine große Kluft zwischen Ihrer Lebensweise und Ihren Wertvorstellungen besteht? Und wie sieht wohl das Ich aus, das in Ihnen angelegt ist, das Ich, das Sie werden könnten, wenn Sie den Mut und die Freiheit dazu hätten?

Der Einfluß der Eltern

Durch die fortgesetzte Einwirkung der Eltern formt sich das Kind allmählich ein bestimmtes Bild von sich selbst und seinen Möglichkeiten, an die Aufgaben und Probleme des Lebens heranzugehen. Dieser elterliche Einfluß kann wie gute oder böse Magie auf seine Entwicklung wirken.

Als gute Magie wirkt er, wenn er das Selbstbewußtsein des Kindes stärkt und ihm hilft, Vertrauen zu sich und seinen Fähigkeiten zu bekommen.

Als böse Magie wirkt die Beeinflussung, wenn Selbstvertrauen, Selbstachtung und Selbstwertgefühl des Kindes dadurch geschwächt werden. Leider vermitteln viele Eltern ihren Kindern mehr schwächende als stärkende Botschaften. Nicht aus Bosheit, sondern weil sie es selber nicht besser wissen. In der guten Absicht, sie zu ordentlichen Mitgliedern der Gesellschaft zu erziehen, überhäufen sie ihre Kinder in den ersten Lebensjahren mit einem unaufhörlichen Schwall von Verhaltensmaßregeln.

Ich habe als Redakteurin einmal einen Artikel zu diesem Thema geschrieben mit dem Titel: »Beobachten Sie einmal, wie Sie
mit Ihrem Kind den ganzen Tag reden!«

Dazu bat ich ein paar Mütter von Zweijährigen, einmal –
ehrlich – aufzuschreiben, was sie im Lauf des Tages alles
zu ihren Kindern sagen. Das hörte sich dann so an: »Zappel
nicht so herum beim Anziehen!« – »Du bist ein schreckliches
Kind! Kannst du nicht vorher sagen, daß du mußt!« – »Finger
weg da!« – »Du bist ein böses Kind, ich will dich heute gar
nicht mehr sehen!« – »Du bist ein Ferkel!« – »Stell dich nicht
so an beim Haarewaschen!« – »Wenn du nicht sofort zum
Essen kommst, setzt's was!« – »Verschwinde, du siehst doch,
daß ich hier putzen will!« – »Sei doch nicht so zimperlich,
das ist doch wirklich kein Grund zum Weinen!« – »Pfoten
weg von der Nähmaschine!« – »Matsch doch nicht so mit
dem Essen rum, das kann man ja nicht mit ansehen!« – »Das
Brot wird gefälligst auch aufgegessen, nicht nur die Wurst!« –
»Du bist ein schreckliches Kind!« – »Nichts als Arbeit hat man
mit dir!«

Wir alle kennen diese Anweisungen, Schreckensrufe und Be-
fehle – teils aus eigener Erfahrung, teils aus Erlebnissen mit anderen Eltern und ihren Kindern. Gerade bei Zweijährigen ist die
Gefahr groß, daß man sich diesen Ton angewöhnt. Ihr Taten-
drang und ihr starkes Bedürfnis nach Selbständigkeit führen ja
wirklich oft zu Situationen, in denen man die Geduld verlieren
kann.

In einer jahrelangen Aneinanderreihung solcher und ähnlicher
Aussprüche bildet sich jedoch die entmutigende Botschaft heraus: »So, wie du bist, taugst du nicht viel. Im Grunde machst du
alles falsch, wenn dir niemand sagt, wie's richtig geht!«

Dem Kind stärkende Botschaften vermitteln!

War es bei Ihnen vielleicht ebenso? Unentwegt haben Sie sich
damals bemüht und angestrengt, haben Ihre kleinen Werke ge-
zeigt – doch selten fanden Sie die Anerkennung, die Sie sich
gewünscht hätten? Nichts war gut genug? Wer so aufwächst,
versagt sich schließlich selbst die Anerkennung und hält nicht
mehr sonderlich viel von sich.

Wie könnte sich auch Selbstvertrauen entwickeln, wenn ein
Kind das Gefühl hat, nur dann geliebt zu werden, wenn es alles
nach den Vorstellungen der Eltern und sonstigen Erwachsenen

macht? Wenn es dabei auch noch ständig kritisiert wird? Wie soll es später mutig eigene Entscheidungen fällen, wenn nur das als gut und richtig gilt, was andere ihm vorgeben? Wenn nur Anpassung, nicht aber eigenwilliges und phantasievolles Verhalten gelobt wird? Wie soll ein Kind ein gutes Gefühl für sich selbst erlangen, wenn es nicht erfährt, daß es so geliebt wird, wie es ist?

Überbehütetsein schadet ebenso

Ungünstig für die Entwicklung sind jedoch nicht nur ständige überkritische Bemerkungen und Verhaltensweisen der Eltern. Auch ein überängstlicher und überbehütender Erziehungsstil verhindert, daß ein Kind Selbstvertrauen erwerben und Probleme später mutig anpacken kann. Wenn die Eltern sich selbst im Leben nicht richtig durchsetzen können oder ihrem Kind alle Schwierigkeiten aus dem Weg räumen, kann es sich weder von ihrem Verhalten Nachahmenswertes abgucken noch seine Fähigkeiten kennenlernen und entwickeln. Es bleibt unsicher, unselbständig und ängstlich. Solche Menschen wollen sich dann auch als Erwachsene am liebsten auf andere verlassen – etwa den Partner. Wenn diese anderen ihre Interessen dann nicht wunschgemäß wahrnehmen, sind sie kindlich enttäuscht.

Die innere Stimme

Zu den negativen Suggestionen der Eltern kommen später weitere Stimmen aus der Umgebung hinzu – von Freunden, Mitschülern, Lehrern. In jedem Schuljahr muß sich das Kind, der Jugendliche aufs neue mit der kritischen Beurteilung sowohl seiner Leistungen als auch seines sozialen Verhaltens auseinandersetzen und seine Stellung innerhalb der Gruppe behaupten.

Vielleicht erinnern Sie sich sogar noch an kränkende Aussprüche von Mitschülern oder Lehrern über Sie. Wer Schwäche zeigt und wenig Selbstbewußtsein erkennen läßt, ist gerade in der Schule ein beliebtes Angriffsziel!

Im Erwachsenenleben addiert sich weiter eins zum anderen. Wer nicht selbstbewußt Forderungen stellt und seine Interessen vertritt, wird seltener oder nie befördert und verliert schneller seinen Arbeitsplatz. Er wird von den Kollegen schlechter behandelt und erfährt mehr Demütigungen, als jemand, der sicher und selbstbewußt wirkt. Dazu kommt: wer ständig Angst hat, Fehler zu machen und zu versagen, kann sich nicht genug auf die Aufgabe selbst konzentrieren. Er ist deshalb trotz aller Bemühungen tatsächlich weniger leistungsfähig als andere, die selbstsicherer sind. Das gilt für Männer genauso wie für Frauen.

Bei Frauen kommen zu den gewöhnlichen negativen Einschärfungen in der Kindheit und der kritischen Selbstbespiegelung der äußeren Erscheinung noch weitere Faktoren hinzu, die ihr Selbstwertgefühl zusätzlich beeinträchtigen. Mädchen werden vielfach auch heute noch weniger zur Selbstbestimmung erzogen. Brav- und Angepaßtsein wird bei ihnen stärker gefordert und anerkannt als bei Jungen. Vom Jungen wird gefordert, neue Aufgaben entschlossen anzupacken, sich über Schwierigkeiten hinwegzusetzen, Hindernisse aus dem Weg zu räumen und in Wettkämpfen seine Stärke zu messen. Das Mädchen soll eher zurückhaltend und einfühlsam sein. Auch wenn Eltern sich bemühen, gegen solche Rollenklischees anzugehen und ihre Kinder nicht ausdrücklich zu »männlichem« oder »weiblichem« Verhalten anzuleiten, können sie dem Einfluß der »heimlichen Miterzieher« oft nicht entrinnen.

Trotz aller Fortschritte auf dem Gebiet der Gleichberechtigung erleben Mädchen beispielsweise allein schon in den Fernsehnachrichten Tag für Tag, daß überall dort, wo es um bedeutsame Entscheidungen geht, überwiegend Männer auftreten und das Sagen haben. So verfestigt sich im Lauf der Jahre der Eindruck: »Ich habe weniger mit zu entscheiden, weil ich eine Frau bin. Männer sind anscheinend mehr wert als Frauen.«

All diese Erfahrungen wirken als Suggestionen auf uns ein, die wir allmählich selbst für wahr halten.

Unser Gehirn vergißt diese Programmierung durch Eltern, Lehrer, Mitschüler und Gesellschaft nicht. Als leise innere Stimme begleitet sie all unser Tun. Sie interpretiert unsere Wahrnehmungen, kommentiert, bewertet, beurteilt und bremst unsere Handlungen.

Oft prophezeit sie uns auch düstere Folgen für die Zukunft. Ihre Warnungen können etwa so klingen: »Das schaffst du nie!« – »Es ist hoffnungslos!« – »Du wirst schon sehen, was daraus wird!« – »Laß es, du wirst sowieso scheitern!« – »Sicher bist du bald arbeitslos!« – »Du wirst nie einen Ausweg finden!« – »Bilde dir bloß nicht ein, daß ausgerechnet du mal Glück hast!«- »Tja, wenn ich ein Mann wäre, hätte ich es einfacher!« – »Frauen sind sowieso benachteiligt!« – »Ich weiß nicht, was ich tun soll!« – »Ich weiß nicht, wo mir der Kopf steht!« – »Das klappt bestimmt nicht!« – »Ich bin fix und fertig!«

Gibt es auch in Ihrem Leben solche Sätze? Notieren Sie doch einmal alle Bedenken, die Ihnen gewöhnlich Mißerfolge voraussagen, Sie bei Entscheidungen in verschiedene Richtungen ziehen oder lähmen.

Ein gesundes Maß an Selbstkritik hilft

Zu Ihren Negativsätzen gehören vielleicht auch Aussagen wie: »Ich bin nun mal ein geborener Pechvogel!« – »Bei Männern habe ich noch nie Glück gehabt!« – »Ich brauche nur an einer Bäckerei vorüberzugehen, schon nehme ich zu!« – »Andere haben immer Glück, ich finde nie einen Parkplatz!« – »Ich kann einfach nicht mit Geld umgehen!«

Einen inneren Feind mit sich herumzutragen, der uns ständig blockiert, sollte kein Dauerzustand sein. Gegen ein gewisses Maß an Selbstkritik wäre selbstverständlich nichts einzuwenden. Ohne Selbstkritik, oder besser: »ohne Aufmerksamkeit für das eigene Tun« hätte man nicht die Chance, Fehler zu erkennen, sich weiterzuentwickeln und Schwächen in Stärken zu verwandeln.

Doch diese innere Stimme übt ja keine konstruktive Kritik. Sie neigt dazu, uns zu demütigen und uns klein zu mache. Anstatt uns Mut zuzusprechen, schwächt sie uns. Manchmal geht sie noch strenger mit uns um, als wir das vielleicht von den Kinderjahren her gewöhnt waren. Sie lähmt, macht unsicher, schüchtern, handlungsunfähig und unzufrieden. Kurzum: Anstatt Ihr inneres Wachstum zu fördern und Sie wohlwollend zu begleiten, hält sie Sie von vielem ab, das Ihr Leben reicher und erfüllter machen würde. Besonders gern warnt sie mit den einstigen Elternworten: »Vorsicht!« und »Tu's nicht!«

Und weil sich dahinter scheinbar echte Besorgtheit um unser Wohlergehen verbirgt, merken wir lange Zeit gar nicht, welchen negativen Einfluß diese innere Stimme auf unser Leben hat.

Kennen Sie Ihre Ängste?

Es ist diese innere Stimme, die uns auch in unzähligen Situationen verunsichert, in denen wir Zuspruch und Ermutigung nötig
hätten. Sie ist mit im Spiel, wenn Sie zum Beispiel Angst davor
haben

- sich lächerlich zu machen;
- sich falsch zu verhalten;
- zu versagen;
- abgewiesen zu werden;
- neue Aufgaben mit unbekannten Risiken in Angriff zu
nehmen;
- eine Rede vor Publikum zu halten;
- Entscheidungen zu treffen;
- die Stelle oder den Beruf zu wechseln;
- Ihr Recht geltend zu machen und durchzusetzen;
- sich einem Menschen zu öffnen und Nähe zuzulassen;
- eine unbefriedigende Beziehung zu beenden.

Jede dieser einzelnen Ängste steht wiederum mit anderen Bereichen unseres Ichs in Verbindung und beeinflußt sie, so daß
daraus weitere Bündel von Ängsten entstehen. So hat die
Angst, sich lächerlich zu machen oder zu versagen, möglicherweise auch dazu geführt, daß Sie sich bestimmte Fertigkeiten
noch nicht angeeignet oder noch nicht darin geübt haben. Das
Wissen »Ich kann das noch nicht« vergrößert Ihre Ängste dann
zusätzlich. Dazu gehört vielleicht auch die Fähigkeit, Kritik in
angemessener Form zu äußern oder Ihr Recht in sachlicher Weise – nicht aggressiv, nicht weinerlich – durchzusetzen. Oder Sie
haben Angst davor, unbefangen auf andere Menschen zuzuge-
hen und Kontakte zu knüpfen.
Ein gewisser Anteil von Angst gehört zu unseren angeborenen Instinkten und ist äußerst sinnvoll. Angst in gesunder
Dosierung bewahrt uns davor, leichtsinnig Risiken einzugehen
und Gefahren zu übersehen. Wir brauchen sie, um unsere
Fähigkeiten, mit einer bestimmten Situation fertig zu werden,
richtig einzuschätzen. Durch eine gewisse Portion Angst, die –
wie einst bei unseren Vorfahren aus der Frühzeit – grundsätzlich mit jedem neuen Schritt in unbekanntes Gebiet verbunden

ist, werden wir zu vorsichtigem und überlegtem Handeln veranlaßt.

Auch die Angst, die beispielsweise mit Lampenfieber vor Prüfungen oder Auftritten einhergeht, hat durchaus ihren Sinn. Sie sorgt dafür, daß wir der Herausforderung mit hellwachen Sinnen begegnen.

Doch wenn die Ängste übermächtig sind, hindern sie uns daran, uns schwierigere Aufgaben vorzunehmen und Neuland zu betreten. Wer von seiner inneren Stimme stets nur zur Vorsicht ermahnt wird und immer wieder den schlechten Ausgang eines Unternehmens für wahrscheinlicher hält als den guten, wird manche Handlung von vornherein unterlassen. So kann er aber auch nicht die Erfahrung machen, welche Fähigkeiten er besitzt. Als Folge davon traut er sich immer weniger zu und bleibt tatsächlich unselbständiger als andere.

Starke Ängste lösen im seelischen Bereich Gefühle der Frustration, Nervosität, Anspannung und Minderwertigkeit aus.

Körperlich äußern sie sich in Form von Magenbeschwerden, Schweißausbrüchen, Atem- und Herzbeschwerden, Schlafstörungen, Schwindelgefühlen, Beklemmungen und erhöhtem Blutdruck.

Angst vor der Angst Doch auch wenn Ängste bei Ihnen nicht so gravierend sind und sich »in Grenzen halten«, können sie das Leben beeinträchtigen. Denn sie hindern Sie daran, Ihre Interessen und Bedürfnisse durchzusetzen und Ihr Leben nach Ihren Wünschen und Vorstellungen zu gestalten. Nur wer sich mutig etwas zutraut, kann sich selbst verwirklichen. Nur wer sich etwas zutraut, kann Fortschritte machen.

Nutzen Sie Ihre Begabungen?

Ihre heutige Situation ist kein Zufall. Sie ist das Ergebnis Ihrer Gedanken und Handlungen in der Vergangenheit. Ob Sie darin zufrieden sind, hängt davon ab, wie weit dieses gegenwärtige Leben mit Ihren ursprünglichen Vorstellungen übereinstimmt und wie sehr Sie nach Ihren inneren Wertvorstellungen leben dürfen.

Das Streben, sein Dasein zu sichern und die materiellen Voraussetzungen – Nahrung, Unterkunft – dafür zu schaffen, ist jedem Lebewesen angeboren. Wir Menschen haben darüberhinaus noch geistige und ideelle Ziele, die wir verwirklichen möchten. Außerdem wollen wir unsere speziellen Fähigkeiten nach Möglichkeit sinnvoll einsetzen.

Jeder Mensch bringt bei seiner Geburt bestimmte Anlagen mit, die erst ausgebildet werden müssen. Das sind zum einen die Anlagen, die uns lebensfähig und lebenstüchtig machen. Dazu zählen aber auch besondere Anlagen wie etwa eine mathematische oder musikalische Begabung, hohe Intelligenz, ein sehr gutes Gedächtnis, eine spezielle Sprachbegabung oder Stimmbänder, die zu einer Gesangslaufbahn befähigen.

Nicht jeder mit einer solchen Zusatzbegabung muß deshalb auch »Karriere« auf diesem Gebiet machen. Doch mit der besonderen Begabung ist meist auch der Wunsch verbunden, dieses Talent zu entwickeln und zu entfalten. Schon das Kind spürt, daß es zum Beispiel besonders gut zeichnen oder musizieren kann und ihm diese Tätigkeit große Freude bereitet. Wenn es aber kaum Gelegenheit dazu gibt, wird eine gewisse Unzufriedenheit entstehen: Man fühlt sich uneins mit sich selbst, wenn man seine Begabungen nicht nutzt.

Es kann manchmal ein langer, schmerzvoller Weg sein, zu seinen unterdrückten Anlagen zu finden und sich zu entschließen, sie entgegen allen Hindernissen auch noch zu entwickeln. Die Freude darüber ist jedoch stets überwältigend – ganz unabhängig davon, ob sich mit den endlich genutzten Talenten auch noch Geld verdienen läßt oder nicht. Denn erst dann hat man das Gefühl, in seinem eigentlichen Leben »angekommen« und ganz man selbst zu sein. Hätte man sich früher von seinen Ängsten und Selbstzweifeln lösen können, wäre einem mancher Umweg, manche unerklärliche Unzufriedenheit erspart geblieben.

Es kann Ihnen jedoch niemand abnehmen, selbst zu dem für Sie richtigen Weg zu finden. Wenn Sie keine aufmerksamen Eltern hatten, die schon früh Ihre Neigungen erkannten und förderten, müssen Sie selbst zum Entdecker und Förderer Ihrer Begabung werden. Auch jetzt noch! Für einen Neubeginn ist es nie zu spät. Die Unzufriedenheit, die Sie möglicherweise mit sich und Ihrem jetzigen Leben verspüren, kann bei Ihrer Suche als hilfreicher Wegweiser dienen.

Sich selbst finden

Manche Frauen machen dann auch erst einmal die Erfahrung, daß die Umwelt ihre neuen Aktivitäten mit Mißtrauen sieht. Es ist auch für andere immer etwas beängstigend, wenn jemand aus seiner alten Rolle ausbricht und etwas ganz Neues ausprobiert. Wenn es bei Ihnen so sein sollte: Erklären Sie Ihrer Familie, welche Pläne Sie haben. Lassen Sie sie an Ihrer Freude teilhaben. Vielleicht ermutigt Ihr Beispiel Ihren Mann oder Ihre Kinder ja sogar, bei sich nach eigenen Talenten zu forschen!

Eine Checkliste:
Mein Leben und meine Wertvorstellungen

Große Unzufriedenheit entsteht auch, wenn Lebensweise und bestimmte *Wertvorstellungen* weit auseinanderklaffen. Überprüfen Sie doch einmal anhand der folgenden Fragen, ob das bei Ihnen der Fall ist.

- Ich habe ausreichend Zeit, mich um mir wirklich wichtige Dinge zu kümmern: ❏ gewöhnlich ja ❏ selten ❏ nie
- Ich verschwende keine Zeit: ❏ gewöhnlich ja ❏ selten ❏ nie
- Ich bestimme, was ich tun möchte: ❏ gewöhnlich ja ❏ selten ❏ nie
- Ich vernachlässige niemanden in meiner Familie: ❏ gewöhnlich ja ❏ selten ❏ nie
- Ich liebe und werde geliebt: ❏ gewöhnlich ja ❏ selten ❏ nie
- Ich sage meine Meinung: ❏ gewöhnlich ja ❏ selten ❏ nie
- Ich bin ehrlich zu anderen: ❏ gewöhnlich ja ❏ selten ❏ nie
- Die Zeit, die ich für meinen Beruf anwende, ist sinnvoll genutzt: ❏ gewöhnlich ja ❏ selten ❏ nie
- Ich habe das Gefühl, beruflich mein Bestes zu geben: ❏ gewöhnlich ja ❏ selten ❏ nie

- Ich lebe in der Umgebung,
in der ich mich wohl fühle: ❏ ja   ❏ teilweise   ❏ nein
  - Meine Wohnung entspricht
meiner Persönlichkeit und der
meiner Mitbewohner; jeder
kommt darin zu seinem Recht: ❏ ja   ❏ teilweise   ❏ nein
  - Ich habe einen Platz für
mich allein: ❏ ja   ❏ selten   ❏ nein

Was Sie aus den Schwächen anderer lernen können

Gibt es bei anderen negative Eigenschaften, die Sie ziemlich stören und auf die Sie vielleicht sogar heftig reagieren? Sie können ziemlich sicher sein: Wenn Sie sich sehr über die »unmögliche«, »empörende« Verhaltensweise eines anderen aufregen, dann hat diese Verhaltensweise auch etwas mit Ihren eigenen Schwächen zu tun, und es gibt eine Entsprechung in Ihnen. Wäre es nicht so, würde sie Sie gar nicht so berühren. Vermutlich würden Sie sie gar nicht bemerken.

Alles, was wir an einem anderen Menschen als besonders ärgerlich und störend empfinden, steht mit uns selbst in Beziehung. Eine Aussage über einen anderen ist zugleich eine Aussage über uns selbst, ein Urteil über einen anderen ist zugleich ein Urteil über uns.

Deshalb können wir dieses Urteil sogar als Hilfe für unsere seelische Weiterentwicklung benutzen. Der andere dient uns gewissermaßen als Spiegelbild für unsere eigenen Schwächen und Fehler. Und indem wir sie erkennen, können wir sie auch bearbeiten. Wenn Sie also nicht wissen, wie Sie Ihre eigenen Schwächen feststellen könnten, untersuchen Sie doch einmal, welche Schwächen Ihnen bei anderen besonders auffallen.

Ärgert es Sie zum Beispiel, daß eine Nachbarin in Ihren Augen habsüchtig ist? Teilen Sie anderen – etwa Ihrem Mann – immer wieder mit, daß diese Nachbarin »den Hals nicht vollkriegen« kann und schon wieder etwas Neues haben muß?

Dann könnte es sein, daß Sie sich zwar diese Art von Besitztrieb abtrainiert haben oder nicht gestatten, daß Sie aber insgeheim neidisch auf weniger »bescheidene« Leute sind.

Halten Sie einmal inne, wenn Sie gerade wieder dabei sind,

In anderen sich selbst erkennen

die Fehler eines anderen (hinter seinem Rücken) empört zu brandmarken, und fragen Sie sich: Warum entrüste ich mich so? Weil ich wirklich ein »besserer Mensch« bin? Weil ich die gleiche Eigenschaft in mir unterdrücke, anstatt sie auszuleben? Weil ich mir etwas darauf einbilde, sie überwunden zu haben?

Um bei dem Beispiel mit der »Habgier« zu bleiben: Sehen Sie in der Ihnen eigenen »Bescheidenheit« eine echte Qualität? Oder hat man Ihnen diese Anspruchslosigkeit nur anerzogen, ohne daß Sie sie verinnerlicht haben? Würden Sie sich vor anderen genieren, wenn die entdeckten, daß Sie eigentlich auch mehr haben wollen? Denkbar wäre auch, daß Ihre Entrüstung damit zusammenhängt, daß Sie sich insgesamt »zu wenig gönnen«. Sie wagen es vielleicht gar nicht, Ihre Wünsche – ideelle, materielle – wahrzunehmen, sind aber ein bißchen neidisch auf Menschen, die das ganz »ungeniert« tun.

Wenn Sie wirklich weit davon entfernt wären, selbst Anteile der kritisierten Eigenschaft in sich zu tragen, würde sie Sie an einem anderen höchstens belustigen. Vielleicht hätten Sie sogar ein wenig Mitleid mit der betreffenden Person.

Um bei dem genannten Beispiel zu bleiben: Was würden Sie von dem Versuch halten, sich in der nächsten Zeit öfter einmal konkrete Wünsche zu erfüllen? Wie wäre es, wenn Sie ab sofort etwas »unbescheidener« und »egoistischer« auftreten? Das soll kein Dauerzustand bleiben, sondern eine Lernphase zur Selbsterkenntnis, in der Sie sich etwas ehrlicher mit Ihren Verhaltensweisen auseinandersetzen können. Gleichzeitig ist es eine Möglichkeit, Ihre eigentlichen Bedürfnisse auszuloten: Was will ich wirklich? Und worauf kann ich gut verzichten?

Heimliche Kritik an anderen Menschen ist aber nicht nur abzulehnen, weil wir oft nur unsere eigenen Mängel in den anderen erkennen und sie lieber bei uns bearbeiten sollten, anstatt sie bei den anderen anzuprangern.

Kritik üben will gelernt sein

Negative Aussagen über Menschen aus unserer Umgebung, hinter deren Rücken ausgesprochen, fallen stets auf den zurück, der sie getroffen hat. Nicht nur weil sie sich herumsprechen. Je selbstgerechter wir uns dabei fühlen, andere bei Fehlern zu ertappen und diese Fehler allen kundzutun, desto

stärker übersehen wir die Hinweise auf eigene Fehler und deren
Konsequenzen. Damit verschenken wir zugleich Möglichkeiten,
uns selbst zu verbessern.

Kritik ist nur dort angebracht und wirklich hilfreich, wo sie in
Liebe und Achtung vorgebracht wird. Das gilt für Selbstkritik
ebenso wie für die Kritik an Kindern, am Partner, an Freunden,
Kollegen und Mitarbeitern.

Ständige offene oder heimliche Kritik, ausgesprochen in
Gefühlen der Überheblichkeit und Selbstgerechtigkeit, löst
auf Dauer bei den Kritisierten unübersehbare Kettenreaktionen
aus. Das reicht von kleinen Verstimmungen und Ärgernissen
über destruktive Gedanken bis hin zu Rachegefühlen. Die
Folgen holen uns früher oder später ein. Manchmal so, daß wir
die Ursachen für das spätere Geschehen gar nicht mehr erkennen können. Wir wundern uns höchstens, warum uns plötzlich
ein Stein nach dem anderen in den Weg gelegt wird. Daß wir
selbst den Boden dafür vorbereitet haben, ist uns nicht bewußt!

Aus Krisen lernen

Gewöhnlich drücken wir uns vor gründlichen Selbstanalysen.
Schließlich ist es viel bequemer, im üblichen Trott dahinzule-
ben. Wer nichts in Frage stellt, muß keine unangenehmen Entdeckungen und Erkenntnisse riskieren.

Doch es bleibt nicht aus, daß wir manchmal brutal aus unserem Scheinfrieden herausgerissen werden. Jemand, den wir
liebten, verläßt uns völlig überraschend. Panikattacken überfal-
len uns »aus heiterem Himmel«. Scheidung droht. Ein Kind ist
auf die schiefe Bahn geraten. Eine unerwartete Kündigung ver-
setzt uns einen Schock. Der Arzt hat einen – vielleicht bösarti-
gen – Krankheitsherd in uns entdeckt.

Plötzlich ist es mit der Ruhe dahin. Plötzlich sind wir gezwungen, uns mit uns selbst auseinanderzusetzen: Was ist schuld
daran, daß es so gekommen ist? Wo liegt mein Anteil an der
Entwicklung der Ereignisse? Was habe ich mir vorzuwerfen? Wie
kann ich die Sache wieder in Ordnung bringen? Bin ich überhaupt fähig, etwas wieder in Ordnung zu bringen? Ist nicht immer alles schiefgelaufen bei mir? Habe ich in meinem Leben

überhaupt schon einmal so gelebt, wie ich gern leben würde? Gehöre ich nicht zu den lebensuntüchtigen Menschen, die immer auf der Verliererseite landen? Sollte ich nicht überhaupt Schluß mit allem machen...?

Krisen aktiv
bewältigen

So oder ähnlich lauten die Gedankenketten in solchen verzweifelten Situationen. Noch ist man weit davon entfernt, an dem Geschehen irgendetwas Positives zu sehen. Noch sind die Ängste vor dem Ausgang der Sache zu groß, um die trüben Gedanken zu verscheuchen. Am Anfang ist man einfach nur froh, wenn man wieder einen Tag hinter sich gebracht hat, ohne daß noch etwas Schreckliches passiert ist. Erst wenn das Schlimmste überstanden ist, gelingt es, den Sinn zu begreifen.

Krisen und schwierige Lebensumstände sind immer als ein Lernprozeß zu sehen, der der eigenen Weiterentwicklung dient. In Krisen ist der Mensch gezwungen, Wahrheiten über sich zur Kenntnis zu nehmen, die er in normalen Zeiten nicht sehen wollte.

Manchmal ist es auch gerade die eigene existenzbedrohende Situation, die diese Existenz wieder wertvoll erscheinen läßt.

Wenn auch Sie gerade so eine schlimme Zeit durchmachen sollten: Lassen Sie sich von Ihren Gedanken nicht völlig niederdrücken. Sehen Sie Gegenwart und Zukunft nicht nur als ein schwarzes Loch.

Selbst wenn Sie beim Bilanzziehen nur Negatives an sich entdecken können, gibt es keinen Grund, die Hoffnung aufzugeben.

Versuchen Sie, die Dinge einmal anders zu sehen. Sie haben sich nichts vorzuwerfen! Denn Sie haben Ihr Bestes gegeben, haben so gehandelt, wie es Ihrem Erkenntnisgrad zu jenem Zeitpunkt entsprach. Jeder handelt immer so, wie er glaubt, daß es richtig ist. Wenn es falsch ist, hat er es einfach nicht besser gewußt. Haben Sie also den Mut, sich Ihre Fehler, Schwächen und Ängste genau anzuschauen! Sie können sich in einen wertvollen Schatz verwandeln, wenn Sie sie als Möglichkeit betrachten, daraus zu lernen und neue Schlußfolgerungen für Ihr Leben zu ziehen.

Noch befinden Sie sich auf der Suche, noch wissen Sie nicht so recht, wohin Sie gehören, worin Ihre Lebensaufgabe bestehen könnte, in welcher Lebensform Sie wirklich glücklich sein würden. Aber die intensive Auseinandersetzung mit sich selbst wird Sie einen entscheidenden Schritt auf dieser Suche weiterbringen. Und das wäre ohne die Ereignisse, die Ihnen jetzt so zu schaffen machen, nicht ausgelöst worden!

Menschen, die schwere Schicksalsschläge oder Krankheiten durchgestanden haben, sprechen später fast immer mit Dankbarkeit von dieser Zeit und empfinden sie im Rückblick als Bereicherung, was die Erkenntnis über die eigene Existenz anbelangt. In Krisen machen wir die tiefsten Erfahrungen mit uns selbst. Wir kommen unserer eigenen Wahrheit näher und erhalten einen Blick für Zusammenhänge, deren Sinn uns vorher verschlossen geblieben war.

Zweiter Teil

Ich bin, wie ich bin – lernen Sie, sich selbst zu lieben

ÜBERNEHMEN SIE DIE VERANTWORTUNG

Wer mit seinem Leben unzufrieden ist und deshalb Rückschau hält, wird immer schmerzhafte Entdeckungen machen. Er wird sich oder anderen die Schuld dafür geben, daß alles so gekommen ist. Doch halten Sie sich nicht zu lange mit Selbstkritik und Vorwürfen auf.

Es mag sein, daß in Ihrem Leben bisher vieles fremdbestimmt war. Es ist natürlich auch richtig, daß Ihre Unsicherheit, Ihre Selbstzweifel und Minderwertigkeitsgefühle nicht entstanden wären, wenn Sie früher anders behandelt worden wären. Wenn Ihre Mutter weniger streng gewesen wäre und Ihr Vater sich mehr um Sie gekümmert hätte, wäre manches anders verlaufen. Sie hätten vermutlich andere Partner gefunden, sich von ihnen nicht so schlecht behandeln lassen. Sie hätten vielleicht einen anderen Mann geheiratet und es im Berufsleben weitergebracht.

Doch denken Sie daran: Indem Sie Ihren Blick zu lange mit Bitterkeit auf die Vergangenheit richten, verderben Sie sich nicht nur Ihre Gegenwart, sondern versäumen es womöglich, die Weichen für eine bessere Zukunft zu stellen. Welches Gefühl haben Sie, wenn Sie sich sagen: »Ich kann nichts dafür, daß es mir schlecht geht«? Befreit es Sie tatsächlich? Oder begeben Sie sich damit nicht wieder in die hilflose Rolle eines Kindes?

Natürlich ist es sinnvoll, sich mit den Wurzeln der eigenen Entwicklung auseinanderzusetzen. Manchmal ist sogar eine psychotherapeutische Behandlung unumgänglich, um belastenden Zusammenhängen auf die Spur zu kommen. Die Erkenntnis, daß die Eltern oder andere in Ihrer Vergangenheit Fehler gemacht haben, sollte nur nicht dazu führen, daß man bei den Vorwürfen steckenbleibt.

Vergangenheitsbetrachtung als Hilfe für die Zukunft

Vielleicht gelingt es Ihnen zu erkennen, daß Sie sich an einem wichtigen Wendepunkt Ihres Lebens befinden: Sie können sich (endlich) aus der Rolle des Opfers lösen und selbst Ihr

Schicksal in die Hand nehmen. Von dem Zeitpunkt an, an dem Sie sich bewußt werden, daß Fehler an Ihnen begangen wurden, können Sie sich Stück für Stück daranmachen, die Dinge positiv zu verändern. Für Ihre Vergangenheit sind Sie nicht verantwortlich, wohl aber können Sie ab jetzt die Verantwortung für Ihre Gegenwart – und damit auch für Ihre Zukunft – übernehmen.

Gleichzeitig können Sie sich bemühen, die Fehler nicht selber zu wiederholen und Ihre Kinder zum Beispiel selbstbewußer erziehen. Wenn Ihre Eltern – teilweise – versagt haben sollten, so deshalb, weil sie es selbst nicht besser wußten. Auch sie waren ein Produkt ihrer eigenen Erziehung, ihrer Lebensumstände, ihrer Zeit und der Denkweise ihrer Zeit. Ihre eigenen Schwierigkeiten, sich selbst zu achten, hinderten sie daran, Ihnen ein Gefühl für Ihren Wert und Ihre Kraft mitzugeben. Also mußten Sie manche Niederlage einstecken. Sie mußten Umwege gehen und Enttäuschungen erfahren. Das sollte ab jetzt kein Grund mehr sein, mit sich oder den Umständen zu hadern. Sie hätten bisher nicht anders handeln können, weil Sie noch nicht so weit waren.

Doch nachdem Sie bei Ihrer Bestandsaufnahme mehr über sich herausgefunden haben, können Sie sich nun konkrete Ziele setzen und darauf zuarbeiten. Und das bedeutet:

Ab sofort können Sie handeln. Bei aller berechtigten Traurigkeit über Ihre Vergangenheit, versuchen Sie, niemandem mehr Vorwürfe zu machen. Anderen nicht – sich selbst aber auch nicht!

Es führt Sie nicht weiter, andere Menschen, sich selbst oder äußere Umstände für Ihre Probleme verantwortlich zu machen.

In der passiven Rolle des Opfers können Sie nicht die Veränderungen herbeiführen, die Sie sich wünschen. Stellen Sie sich innerlich Schritt für Schritt um. Übernehmen Sie ab jetzt die Verantwortung für Ihr Leben. Als Erwachsene, die Sie sind, gibt es jetzt nur noch einen Menschen, der Sie unglücklich machen kann, und das sind Sie selbst. Es gibt aber auch nur einen Menschen, der Sie glücklich machen kann: Sie selbst. Sie sind ab jetzt die Person, die alles in der Hand hat. Sie entscheiden, wie es ab jetzt weitergehen soll. Voraussetzung

Sich selbst annehmen

dafür, daß es nun besser weitergeht, ist es, daß Sie sich mögen. Freunden Sie sich mit Ihrem Selbst an, versöhnen Sie sich mit ihm! Dann brauchen Sie auch keine Angst mehr vor der Zukunft oder vor sonstwas zu haben: Sie bestimmen Ihr Leben ja selbst!

Im Gegensatz zu einem Kind, das die Entscheidungen der Erwachsenen ohnmächtig und abhängig über sich ergehen lassen muß, haben Sie als Erwachsene die Macht, sich aus dieser Abhängigkeit von anderen zu befreien.

Selbstbewußtsein und Selbstsicherheit sind darauf begründet, daß wir die Verantwortung für unser persönliches Wohlergehen übernehmen. Das bedeutet, daß wir uns um unseren Körper und seine Gesundheit, um unser Aussehen (nach unseren eigenen Vorstellungen!), unsere Beziehungen, unsere Zufriedenheit am Arbeitsplatz, unsere Begabungen und unsere geistig-seelische Entwicklung kümmern.

Akzeptieren Sie Ihre Schwächen

Wie auch immer Ihre Vorgeschichte bis zum heutigen Tag verlaufen ist: Es ist Ihre ureigene Geschichte, die Sie zu der Person, der Persönlichkeit werden ließ, die Sie heute sind. Sie sind einzigartig. Es hat niemals jemanden gegeben, der so war wie Sie. Und es wird auch nie wieder einen Menschen geben, der nur annähernd so ist wie Sie.

Sie sind die Summe aller Eindrücke und Erfahrungen aus der Vergangenheit, der schönen wie der unschönen Erlebnisse. So wie kein anderer die gleichen genetischen Anlagen wie Sie hat, ist auch Ihr Schicksal, sind auch Ihre Erfahrungen einmalig. Ohne Ihre Schattenseiten, mit denen Sie sich sicher auch in Zukunft immer wieder einmal auseinandersetzen müssen, hätten Sie nicht die Möglichkeit, das Leben in seiner ganzen Vielfalt zu erfahren. Negative Seiten, Fehler, Schwächen gehören zum menschlichen Leben. Die Menschheit ist nicht denkbar ohne sie. Die gesamte Kunst – Literatur, Malerei, Musik, bildende Kunst – ist Ausdruck dieser Auseinandersetzung des Menschen mit seinen Schattenseiten, seiner Suche nach Selbsterkenntnis, seiner Niederlagen, aber auch seiner Selbstüberwindung und Siege.

Ohne eigene Fehler und Schwächen hätten wir auch nicht die Möglichkeit, die Fehler und Schwächen unserer Mitmenschen zu verstehen und zu verzeihen. Wahres Selbstbewußtsein liegt denn auch nicht darin, so aufzutreten, als ob man selber fehlerlos sei. Selbstbewußtsein heißt, sich mit seinen Stärken und Schwächen, guten und schlechten Seiten zu kennen und zu akzeptieren. Niemand ist vollkommen, auch wenn es manchmal (bei anderen) den Anschein hat! Hadern Sie nicht mehr länger mit Ihren Fehlern, Schwächen, Defiziten, sondern betrachten Sie sie als vertraute Freunde, die Sie bis heute begleitet haben. Wohin haben sie Sie geführt? Ihre Schüchternheit zum Beispiel? Sie war Ihnen zwar oft hinderlich, wenn Sie gern Stellung bezogen, Ihre Meinung gesagt hätten oder wenn Sie eigentlich Forderungen stellen wollten, dies aber dann unterließen.

Aber hat Ihre Schüchternheit nicht auch dazu geführt, daß Sie anderen zum Beispiel besonders gut zuhören können? Daß Sie sich eher den stillen als den lauten Menschen zuwenden? Und ist dies nicht genau eine Ihrer Eigenschaften, für die man Sie schätzt?

Hätten Sie ohne die Schwäche »Schüchternheit« die Stärke »Aufmerksamkeit für andere« entwickelt?

Ihr Defizit »Durchsetzungsvermögen«: Hat es Sie bisher nicht auch davor bewahrt, mit Gemeinheiten und Tricks Kollegen auszubooten und beim Weg auf der Karriereleiter rücksichtslos zu sein?

Das soll nicht bedeuten, daß Durchsetzungsvermögen grundsätzlich eine negative Eigenschaft ist. Nur setzen sich viele Menschen auch mit Hilfe von negativen Verhaltensweisen durch. Vielleicht haben Sie sich auch schon darüber geärgert, daß Sie immer gleich so heftig – gefühlsbetont – reagieren, wenn Ihr Chef Ihnen einen Fehler nachzuweisen versucht oder wenn jemand eine in Ihren Augen blödsinnige Meinung vertritt.

Sicher: Es macht natürlich keinen besonders guten Eindruck, wenn jemand gleich »hochgeht«, anstatt kühl, sachlich und distanziert zu argumentieren. Doch wenn Sie bis heute diese Schwäche besaßen, zu emotional zu reagieren – was hindert Sie daran, ab sofort nach besseren Methoden der Auseinandersetzung zu suchen? Zumindest zeigt diese Schwäche, daß es Dinge gibt, die Ihnen unter die Haut gehen.

Wann immer Sie sich in der nächsten Zeit über eine Eigenschaft an sich ärgern, gehen Sie anders als bisher mit sich und der Eigenschaft um.

Sagen Sie sich nicht mehr: »Jetzt war ich schon wieder so blöd!« oder »Jetzt mußte mir das schon wieder passieren!«

Mit solchen Selbstvorwürfen gewinnen Sie nichts. Sie verstärken damit nur Ihr negatives Selbstbild. Wenn Sie sich in eine Stimmung der Niedergeschlagenheit versetzen, blockieren Sie die Möglichkeit zu wirklichen Erkenntnissen über sich selbst und erzeugen ein Gefühl resignierter Hilflosigkeit.

Auch Schwächen bejahen? Nehmen Sie die Eigenschaft vielmehr ganz selbstverständlich an, sagen Sie »ja« dazu: Ja, diese Eigenschaft habe ich; jeder Mensch hat gute und schlechte Eigenschaften, und dieses ist eben eine meiner schlechten Eigenschaften. (Vielleicht denken Sie aber auch ganz zu Unrecht, daß dies eine Schwäche sei, weil Sie es so sehr gewohnt sind, sich überkritisch zu sehen!)

Indem Sie sie zunächst einmal selbst erkennen, vergrößert sich die Chance, eine Veränderung herbeizuführen. Selbstvorwürfe hingegen lassen Sie im Ist-Zustand verharren, weil sie Sie in dem Gefühl bestärken: Es hat gar keinen Zweck, daß ich mir etwas vornehme, ich kann ja doch nichts ändern!

Vielleicht denken Sie jetzt aber auch: »Ach, wenn es bei mir doch nur um so harmlose Schwächen ginge! Meine Probleme sind viel massiver!«

Auch für diesen Fall gilt: Verurteilen Sie sich nicht, verdammen Sie sich nicht! Angenommen, Sie entdecken bei Ihrer Selbsterforschung, daß Sie eigentlich zuviel trinken. Es gibt zwar immer einen guten Grund dafür – Feste, der Frust im Büro usw. Aber genau betrachtet ist es doch mehr, als es Ihnen guttut. Dann versuchen Sie nach den Ursachen für Ihre Verhaltensweise zu fragen: Wovor wollen Sie Ihr Ich beschützen, wenn Sie sich zu oft mit Alkohol benebeln? Welche Gedanken wollen Sie nicht in sich aufsteigen lassen? Warum möchten Sie sich manchmal aus der Wirklichkeit ausblenden?

Es gibt keinen Grund, sich deshalb selbst anzuklagen. Machen Sie statt dessen – bei harmlosen wie bei massiven Schwächen –

eine geistige »Momentaufnahme« von sich und der Situation:
Das bin also ich, und das ist diese Eigenschaft, die ich so gut
kenne und die zur Zeit noch zu mir gehört. Wie soll es mit uns
beiden weitergehen? Will ich mich von ihr trennen? Welche
Empfindungen habe ich, wenn ich sie – bewußt – behalte? Was
würde mit mir geschehen, wenn ich mich von ihr trenne?

Wie unsicher sind Sie?

Prüfen Sie einmal anhand der folgenden Liste, welche Verhaltensweisen, die mit Ihrer Unsicherheit zusammenhängen, Ihnen
im Weg stehen könnten. Welche dieser Eigenschaften würden
Sie gern bei sich verbessern?

Checkliste

- Ich kann mich nicht durchsetzen: ❏ stimmt ❏ stimmt nicht
- Ich bin zu nachgiebig: ❏ stimmt ❏ stimmt nicht
- Ich habe zu viele Ängste: ❏ stimmt ❏ stimmt nicht
- Ich weiß gar nicht so genau,
was ich will: ❏ stimmt ❏ stimmt nicht
- Ich richte mich zu sehr nach
anderen: ❏ stimmt ❏ stimmt nicht
- Man kann mich schnell von
meinen eigenen Plänen abbringen: ❏ stimmt ❏ stimmt nicht
- Bei Meinungsverschiedenheiten
bin ich meist diejenige, die nachgibt: ❏ stimmt ❏ stimmt nicht
- Ich denke meistens, daß andere
Leute alles besser können: ❏ stimmt ❏ stimmt nicht
- Ich habe oft Angst vor Ent-
scheidungen: ❏ stimmt ❏ stimmt nicht
- Ich zerbreche mir im nachhinein
oft den Kopf, ob mein Verhalten
richtig oder falsch war: ❏ stimmt ❏ stimmt nicht
- Ich bin zu schüchtern: ❏ stimmt ❏ stimmt nicht
- Ich spreche zu leise: ❏ stimmt ❏ stimmt nicht
- Ich bin schnell verletzt, wenn ich
kritisiert werde: ❏ stimmt ❏ stimmt nicht
- Ich möchte nicht unangenehm
auffallen: ❏ stimmt ❏ stimmt nicht

- Ich möchte mich nicht unbeliebt
machen: ❏ stimmt ❏ stimmt nicht
- Ich kann anderen nur schwer
eine Bitte abschlagen: ❏ stimmt ❏ stimmt nicht
- Ich kann nicht nein sagen: ❏ stimmt ❏ stimmt nicht
- Ich werde schnell rot: ❏ stimmt ❏ stimmt nicht
- Ich beobachte mich oft selbst
und frage mich, wie ich auf
andere wirke: ❏ stimmt ❏ stimmt nicht
- Ich bin selten zufrieden mit mir: ❏ stimmt ❏ stimmt nicht
- Ich versuche meistens, den
Erwartungen anderer gerecht zu
werden: ❏ stimmt ❏ stimmt nicht
- Ich stelle sehr hohe Anfor-
derungen an mich selbst: ❏ stimmt ❏ stimmt nicht
- Ich will alles 150prozentig
machen: ❏ stimmt ❏ stimmt nicht
- Ich lasse mich leicht bei meiner
Arbeit stören: ❏ stimmt ❏ stimmt nicht
- Ich halte mein Tun für bedeu-
tungslos: ❏ stimmt ❏ stimmt nicht
- Ich bitte ungern andere Leute
um einen Gefallen: ❏ stimmt ❏ stimmt nicht

Erkennen Sie Ihre Belohnungen

Oft beklagen wir uns über etwas, das wir in Wirklichkeit gar nicht
verändern wollen. Die Sache so zu lassen, wie sie ist, macht die
Lage für uns viel bequemer und angenehmer, als wenn wir das
Risiko einer Veränderung auf uns nehmen müßten.

Bekannt sind die Beispiele von Menschen, die ständig über
ihre Krankheiten klagen, die von einem Arzt zum anderen laufen, ohne Hilfe zu finden.

Selbstmitleid als
»Belohnung«?

Die Umwelt – der Ehemann, die Kinder, die Kollegen – müssen
sich immer wieder neue Leidensgeschichten anhören. Hier besteht die »Belohnung« in der Aufmerksamkeit und Zuwendung,
die die – tatsächlich an einer unerklärlichen Krankheit leidende
– Person sich bei den Ärzten und der Familie holt.

Will jedoch keiner mehr die Krankheitsgeschichten hören, weil sich keinerlei Besserung abzeichnet, besteht die Belohnung nunmehr im Selbstmitleid: »Ich werde von niemandem geliebt, keiner hat Verständnis für mich.«

Eine andere Belohnung kann die Arbeitssituation betreffen: Das Betriebsklima ist miserabel, die Vorgesetzten sind launisch und unberechenbar, die Kollegen fühlen sich teilweise genauso unzufrieden wie man selbst. Man sitzt eigentlich nur seine Zeit ab, anstatt mit Freude zu arbeiten, man denkt an den monatlichen Gehaltszettel und beklagt sich im Kollegenkreis und zu Hause über die mißliche Situation.

Hier besteht die Belohnung natürlich zum einen real im Gehalt und im – noch – sicheren Arbeitsplatz. Sie liegt aber auch in der – wenn auch mit Unfreiheit erkauften – Bequemlichkeit: Die Arbeit erfordert keinen geistigen Aufwand mehr, der Job ist Routine, gelebt wird am Wochenende. Und im Klagen und Jammern mit den Kollegen entsteht zusätzlich ein Gefühl der Nestwärme – auch eine »Belohnung«, auf die man im Fall einer Veränderung verzichten müßte.

Natürlich kann man in den heutigen Zeiten in so einer Lage nicht alles hinschmeißen und einfach kündigen. Dazu ist die Chance zu gering, daß man gleich wieder einen neuen Arbeitsplatz findet. Das heißt aber auch nicht, daß man einfach so weitermachen muß wie bisher. Es gibt immer Wege, etwas zu verändern – wenn man das wirklich möchte.

Machen Sie sich bei Klagen über Ihre Arbeit, Ihre Ehe, Ihre sonstigen Lebensumstände einmal bewußt, ob Sie vielleicht wegen einer solchen »Belohnung« an der Sache festhalten, und entscheiden Sie dann, ob Sie sich weiter beklagen oder lieber handeln wollen.

Verlassen Sie die Opferrolle

Verantwortung zu übernehmen heißt, daß Sie sich ab sofort in keiner Hinsicht mehr als »Opfer« sehen sollten, weder als Opfer rücksichtsloser Vorgesetzter, Opfer Ihres egoistischen Partners, Ihres streitsüchtigen Nachbarn, Ihrer deprimierenden Wohnsituation, Ihrer schwierigen Lebensumstände. Verantwortung zu übernehmen hat allerdings nichts damit zu tun, sich nunmehr als »Schuldigen« zu sehen: Ich allein bin also schuld! Niemand ist »schuld«, weder Sie noch andere. Wenn Sie sich die Schuld geben, mündet das in fruchtlosen Selbstanklagen. Wenn Sie dagegen anderen Menschen oder bestimmten Umständen die Schuld an etwas geben, das Ihnen widerfährt, begeben Sie sich automatisch in die Rolle des Opfers. Und damit übertragen Sie anderen Macht über Sie und überlassen diesen »Schuldigen« die Gestaltung Ihres Lebens.

Es mag sein, daß Sie wirklich sehr unangenehme Vorgesetzte haben, die sich menschenverachtend verhalten und Sie und Ihre Kollegen demotivieren. Es kann auch sein, daß Ihr Partner sich außerordentlich rücksichtslos verhält, daß Nachbarn Ihnen das Leben verderben, daß Ihre ganzen Lebensumstände schwierig sind. Doch solange Sie nur auf die anderen oder die Umstände blicken und ihnen die Schuld an der Misere geben, bleiben Sie das Opfer.

Welche Gefühle erzeugt es in Ihnen, wenn Sie an diese Personen oder Ihre schwierige Lage denken? Wut? Zorn? Ärger? Trauer? Erschöpfung? Stress? Trostlosigkeit? Niedergeschlagenheit? Resignation? Enttäuschung? Verzweiflung? Hoffnungslosigkeit?

Sie merken bereits an der Aneinanderreihung der Worte, welche Atmosphäre der Hilflosigkeit daraus entsteht. Keines dieser Gefühle außer Wut und Zorn besitzt die Dynamik zur Veränderung. Jedes dieser Gefühle schwächt Sie selbst in dem Augenblick, in dem Sie es empfinden.

Tatkräftig Wege zur Veränderung entwickeln

Wenn Sie jedoch selbst die Verantwortung übernehmen, liegt die Macht bei Ihnen. Ab sofort haben Sie es in der Hand, wie Sie Ihr Leben gestalten, im kleinen wie im großen. Aus Wut und Zorn können Sie den Schwung zur Selbstbefreiung neh-men. Sie sind der Schöpfer Ihrer eigenen Welt. Wie ein Regisseur, der sein eigenes Theaterstück auf die Bühne bringt, bestimmen Sie, wie Ihr Stück auf Ihre Lebensbühne gebracht wird. Sie können entscheiden, welche Personen darin auftreten sollen, welche Kulissen – sprich: Umgebung – Sie gern hätten. Sie legen fest, ob es ein Stück werden soll, in dem Heiterkeit und Freundlichkeit vorherrschen, ob es ein Psychodrama werden soll oder ein dynamisches Stück voller spannender Ereignisse. Ja, Sie haben sogar die Freiheit, zwischen diesen verschiedenen Arten zu wechseln.

Ein paar Dinge haben Sie freilich nicht in der Hand, die durch äußere Gegebenheiten in Ihr Leben kommen. Aber im allgemeinen sind doch Sie es, die den Ton angeben. Und auch bei dem, was ohne Ihr Zutun in Ihr Leben tritt – politische Umstände etwa, die Schließung Ihres Betriebs, die Erkrankung von Angehörigen – haben Sie die Wahlfreiheit zu entscheiden, wie Sie damit umgehen wollen: aktiv zu handeln oder passiv zu erdulden, resignierend zu verzweifeln oder nach ermutigenden Lösungen Ausschau zu halten.

Wenn Sie sich das wirklich einmal in voller Konsequenz bewußt machen, brauchen Sie sich Ihrem Schicksal nicht länger hilflos ausgeliefert zu fühlen. Statt dessen können Sie tatkräftig Wege entwickeln, Ihre derzeitige Lage selbst zu verändern.

Das geht natürlich nicht von heute auf morgen. Aber erzeugt es nicht bereits angenehmere Gefühle in Ihnen, zu denken: »Ich bemühe mich ab sofort um die Verbesserung meiner Umstände?« Das klingt doch ganz anders – und »fühlt sich auch anders an« – als die Ansicht: »Meine Lage ist trostlos und hoffnungslos, und ich kann nichts daran ändern!«

Verbessern Sie Ihre Arbeitssituation

Einer der Hauptschauplätze, an denen wir tägliche positive oder negative Rückmeldungen für uns empfangen, ist unser Beruf beziehungsweise unser Arbeitsplatz.

In der Theorie wissen die meisten, worauf es dabei ankommt: Der Beruf sollte mehr als eine Verdienstmöglichkeit sein. Er sollte uns Freude machen. Er sollte die Gelegenheit dazu bieten, Können zu nutzen und Fähigkeiten zu entfalten. Ideal wäre es, wenn wir etwas Sinnvolles tun, vielleicht sogar unsere Berufung darin sehen könnten. Zumindest aber sollte es sich um eine einigermaßen nützliche Aufgabe handeln, und wir sollten uns dabei unseres eigenen Wertes bewußt sein dürfen.

Die Realität sieht leider häufig ganz anders aus. Für viele Menschen ist der Arbeitsplatz der Ort, an dem sie die meisten Demütigungen einstecken müssen. Hier wird ihnen das ohnehin schon schwach ausgeprägte Selbstwertgefühl zum Teil unbeabsichtigt, oft aber auch systematisch und ganz bewußt

genommen. Es gibt sogar einen Ausdruck dafür, wenn Arbeit-
nehmern zielstrebig so lange zugesetzt wird, bis sie dem Druck
nicht mehr standhalten können und »freiwillig« kündigen:
Mobbing (aus dem engl. : to mob = anpöbeln).

Die heute so weit verbreiteten beruflichen Probleme hängen
damit zusammen, daß sich die Arbeitswelt aller Industrieländer
im Umbruch befindet. Harter internationaler Konkurrenzdruck,
immer neue Erfindungen im High-Tech-Bereich und die Verlage-
rung von Arbeit in Billiglohnländer führen zu Umstrukturierun-
gen, deren Folgen die Arbeitnehmer in vielen Berufszweigen zu
spüren bekommen. Einerseits leiden sie unter der – begründe-
ten – Angst, ihren Arbeitsplatz durch Rationalisierungs- oder
sonstige Sparmaßnahmen zu verlieren. Andererseits führt der
Druck dazu, daß viele unter Bedingungen arbeiten, die sie in
Dauerstreß versetzen, ihnen schlaflose Nächte bereiten, sie
krank und unzufrieden machen. Nur die Aussicht auf das Wochenende, auf das Gehalt und den Urlaub trösten einigermaßen
über die Frustrationen und Belastungen am Arbeitsplatz hin-
weg.

**Die Arbeitssituation
kritisch analysieren**
So gelangen allmählich immer mehr Leute an einen Punkt, an
dem sie sich fragen, wie sie mit diesen Problemen umgehen
wollen. Einfach den Arbeitsplatz zu wechseln, wenn man sich
unzufrieden fühlt, weil die eigene Arbeit nicht anerkannt wird
oder man es mit unangenehmen Kollegen und Vorgesetzten zu
tun hat, geht ja leider nicht so einfach.

Allerdings ist es auch eine erschreckende Vorstellung, noch
jahrelang oder gar Jahrzehnte an einem Arbeitsplatz ausharren
zu müssen, an dem man sich absolut nicht wohl fühlt.

*Wie sieht Ihre Situation aus? Wird Ihre Arbeit anerkannt und
geschätzt? Wird sie angemessen bezahlt? Verstehen Sie sich
gut mit Ihren Kollegen? Gehen Sie morgens gern zur Arbeit?
Oder haben Sie das Gefühl, dort nur kostbare Lebenszeit abzu-
sitzen? Erledigen Sie Ihre Arbeit nur halb so gut, wie Sie es eigentlich könnten, wenn Sie von wirklich fachkundigen Vorgesetzten besser motiviert würden? Und fügen Sie sich zudem
durch Ärger, Streß und Frust auch noch gesundheitliche Schä-
den zu?*

Dann bleibt Ihnen nur ein Ausweg, um den Kopf aus dieser
Schlinge zu ziehen:

- Sie versuchen, Ihre Einstellung zu Ihrem Arbeitsplatz, Ihrer Berufstätigkeit und Ihren Kollegen zu ändern;
- Sie ändern gleichzeitig Ihr eigenes Verhalten und versuchen, trotz der unerfreulichen Umstände besser, freundlicher und motivierter zu werden;
- und Sie sehen sich zusätzlich aus Ihrer ungekündigten Stelle heraus nach einem neuen Arbeitsplatz um, aber natürlich so, daß Ihr Arbeitgeber nichts davon merkt.

Vielleicht klingt dieser Vorschlag im ersten Augenblick etwas wirklichkeitsfremd für Sie. Sie denken:»Ich kann von Glück reden, daß ich überhaupt noch einen Arbeitsplatz habe. Die Chancen für einen Wechsel sind völlig aussichtslos!«

Es kann sein, daß Sie recht haben. Vielleicht gibt es in Ihrem Beruf wirklich keine freien Stellen weit und breit. Und natürlich spielt auch Ihr Alter eine Rolle sowie Ihre Familiensituation. Wenn Sie Mann und Kinder haben, ist Ihre Bewegungsradius bei der Arbeitssuche natürlich begrenzt.

Vielleicht aber zeigt sich bei genauerem Nachdenken, daß keine wirklichen Hindernisse vorliegen. Dann wäre es doch einen Versuch wert, sich einmal nach einer neuen Stelle umzuschauen.

Falls Sie sich dazu entschließen können: Gehen Sie zuversichtlich und optimistisch an die Suche heran. Lassen Sie sich nicht gleich von vornherein von dem Gedanken abschrecken, daß es Millionen Arbeitslose gibt. Betrachten Sie sich nicht als statistische Größe, sondern als eine einzelne Person, die durchaus erfolgreich auf Stellensuche gehen kann. Sie sehen es ja selbst, wenn Sie in die Tageszeitung schauen: Auch in Zeiten von Arbeitslosigkeit gibt es seitenweise Stellenangebote, finden immer wieder Menschen auch aus Ihrer Umgebung eine neue Tätigkeit. Auch heute werden täglich Geschäfte und Firmen gegründet, für die neue Mitarbeiter gebraucht werden.

Da Sie ja einen Arbeitsplatz haben, können Sie sich Zeit lassen und brauchen nicht in Panik zu suchen. Verschaffen Sie sich einen genaueren Überblick über die Verhältnisse in Ihrer Berufssparte. Nehmen Sie Kontakt zu Leuten auf, die Sie informieren können. Besorgen Sie sich Fachzeitschriften, in denen mehr über Ihre Branche zu erfahren ist. Es gibt viele Gelegenheiten, Ihr Wissen über Ihre Berufsaussichten zu erweitern – schöpfen Sie sie aus.

Welche Möglichkeiten Ihnen außer der Stellensuche noch offenstehen, um Ihre Arbeitssituation zu verbessern, finden Sie im Kapitel »Schreiben Sie sich Ihre Ziele auf«.

Bis der Wechsel – vielleicht sogar Berufswechsel – tatsächlich stattfindet, können Sie aber auch schon einiges positiv verändern, um Ihre Selbstachtung am Arbeitsplatz zu steigern.

Wenn Sie bisher aus irgendeinem Grund unzufrieden waren, liegt die Wahrscheinlichkeit nah, daß Sie Ihre Arbeit nur noch mit halbem Herzen erledigt haben. Versuchen Sie, sich von nun an wieder hundertprozentig auf Ihre derzeitige Arbeit zu konzentrieren – so, als ob das, was Sie tun, Ihre liebste berufliche Tätigkeit sei. Dazu gehört: Seien Sie freundlich zu den Kollegen. Gehen Sie mit Verantwortungsgefühl an Ihre Arbeit heran. Lassen Sie sich Verbesserungen einfallen. Denken Sie mit, anstatt mit den Gedanken abzuschweifen. Sie werden bald bemerken, daß Ihre veränderte Einstellung zu Ihrer jetzigen Tätigkeit positive Reaktionen bei Kollegen und Vorgesetzten auslöst – ein Effekt, der Ihnen sicher noch zusätzlich Auftrieb für Ihre Stellensuche gibt!

Und umgekehrt können Ihre neuen Informationen im Zusammenhang mit der Stellensuche Sie veranlassen, einiges an Ihrem bisherigen Arbeitsplatz in einem neuen – besseren? – Licht zu sehen.

DIE VERANTWORTUNG FÜR IHREN KÖRPER

Zur liebevollen Zuwendung zu sich selbst gehört es auch, seinen Körper zu lieben anstatt ihn abzulehnen. Geist, Seele und Körper sind in Gesundheit wie in Krankheit voneinander abhängig und aufeinander angewiesen. Unser Körper ist nicht nur die äußere Hülle für unsere Seele und unseren Geist. Unser Körper und die Art, wie er aussieht, prägt unser Denken und unsere Einstellung zu vielem. Seine Empfindungen – vom physischen Wohlgefühl bis zu Schmerzen – stehen in Wechselwirkung mit unseren seelischen Gefühlen und der Frische oder Mattheit unseres Geistes.

Seinen Körper zu lieben, ist im Grunde selbstverständlich. Wir haben es nur verlernt, weil in dieser Zeit nur auf das Äußere geachtet wird und Körperliebe mehr mit Körperstyling als mit wahrer Achtung verbunden wird.

Ihren Körper lieben zu lernen, wird Ihr Selbstwertgefühl steigern, Ihre Gesundheit verbessern und Sie Ihre Sexualität lustvoller erleben lassen. Waren Sie bisher stets unzufrieden mit Ihrem Aussehen? Leiden Sie seit Jahren unter Ihrem Übergewicht? Machen Ihnen Speckrollen am Bauch, Cellulitis an den Oberschenkeln, eine Hauterkrankung, Falten oder anderes zu schaffen? Dann erschreckt Sie der Gedanke vielleicht zunächst, daß Sie Ihren Körper lieben sollen. Sich mit Freuden im Spiegel betrachten, genau hinsehen – nackt?

Es ist jedoch wichtig, daß Sie wirklich auch Ihren Körper zu lieben beginnen – egal wie er aussieht. Denn es ist Ihr Körper, Sie können ihn weder verlassen noch »umtauschen« noch umoperieren. Und Sie sollten auch nicht mit Ihrer Liebe zu sich abwarten, bis Sie eines Tages – durch Diät, durch Fitneßtraining oder Schönheitsoperationen – so geworden sind, wie Sie glauben, aussehen zu müssen.

Denn bis dahin sind Sie wieder um einige Tage – Monate? Jahre? – älter – und finden dann mit Sicherheit neue Gründe dafür, sich abzulehnen. Dann ist es das Alter und seine Anzeichen, die Sie unzufrieden machen.

Ihn so zu lieben, wie er *jetzt* ist, heißt natürlich nicht, ab jetzt gar nichts mehr an sich verändern zu wollen. Genauso wie die Annahme der eigenen seelischen Persönlichkeit durchaus Änderungen an sich zuläßt, läßt auch die Liebe zum Körper Veränderungen zu. Nur ist der Beweggrund ein anderer: Ich liebe mich nicht erst, wenn ich so geworden, wie ich sein möchte. Sondern: Ich liebe und achte meinen Körper – und deshalb tue ich etwas Gutes für ihn! Mein Wunsch, schlank zu werden und entsprechend vernünftiger zu essen, kann etwas Gutes für ihn sein! Es ist aber etwas Schlechtes für ihn, wenn ich ihn mit einer Hungerkur quäle.

Danken Sie Ihrem Körper

Wie in Ihrem Unterbewußtsein sind auch in Ihrem Körper, Ihren Muskeln, Knochen, Kreislauf, Organen alle Erfahrungen gesammelt, die Sie bis zum heutigen Tag gemacht haben. Ihre

Charakterzüge und die Art, wie Sie Ereignisse aufgenommen haben, Ihre Ängste und Unsicherheiten drücken sich in Ihrem Gesicht und Ihrer Körperhaltung aus. Die Anspannung Ihrer Muskeln verrät, ob Sie die Dinge »locker« oder »angespannt« erleben. Keine geistige oder seelische Erfahrung bleibt spurenlos, »der Körper vergißt nichts«.

Das Wissen um diesen Zusammenhang zeigt sich auch deutlich in unserer Sprache:

- Wer sich »niedergeschlagen« fühlt, läßt »den Kopf hängen«;
- wer eine »Niederlage« erlebt hat, ist »am Boden zerstört«;
- wer sich nichts zutraut, ist ein »Duckmäuser«.

Seelische Belastungen können auch unsere optische Erscheinung verändern: Wir gehen mit gesenktem Kopf, lassen die Schultern hängen, beugen den Rücken wie unter einer Traglast.

Verspannungen im Rücken und Nacken, die vielleicht durch eine sitzende Berufstätigkeit entstanden sind, verstärken sich noch durch solche psychischen Einflüsse. Es entstehen Haltungsfehler durch die Art, wie wir durchs Leben gehen und durch die Anzahl der »Schläge« im übertragenen Sinn, die wir im Verlauf der Zeit einstecken mußten.

Geht es uns dagegen gut, fühlen wir uns »wohl in unserer Haut«. Dann ist unser Gang aufrecht und energiegeladen. Die Verspannungen lösen sich, und wir gewinnen neue Freude an schwungvoller und elastischer Bewegung.

Den eigenen Körper liebevoll wahrnehmen

Diesen körperlichen Spuren von Vergangenheit und Gegenwart sollten Sie einmal nachgehen. Auch wenn es Ihnen vielleicht schwerfällt: Überwinden Sie sich und betrachten Sie sich in der nächsten Zeit immer wieder einmal nackt im Spiegel. Stellen Sie in Ihren Gedanken dabei nicht all die perfekten Titelblattmädchen oder Filmstars neben sich. Es geht schließlich nicht um Ihre Teilnahme an einer Schönheitskonkurrenz. Sondern es geht darum, daß Sie sich Ihre Erfahrungen mit Ihrem Körper ins Gedächtnis rufen und ihn dementsprechend liebevoll wahrzunehmen. Liebevoll selbst oder sogar besonders dann, wenn sich aus Vergangenheit oder Gegenwart negative Spuren deutlich zeigen sollten.

Was haben Sie mit Ihrem Körper schon alles erlebt? Und was

hat er durch Sie (Ihren Leichtsinn? Ihre Unachtsamkeit? Ihre Rücksichtslosigkeit ihm gegenüber?) schon alles erleben müssen? Versuchen Sie, sich jeweils genau zu erinnern, auch an die Gefühle. Sie brauchen das nicht bei einer einzigen Betrachtung zu tun. Gewöhnen Sie es sich einfach einmal an, eine Zeitlang mit anderen Augen in den Spiegel zu schauen, nehmen Sie sich nacheinander die verschiedensten Bereiche vor, setzen Sie sich damit auseinander. Betrachten Sie sich so liebevoll-fürsorglich, als ob Sie eine elterliche Verantwortung für sich hätten. Lassen Sie warme, wohlwollende Gefühle für sich zu.

- Gibt es Narben auf Ihrem Körper? Wodurch sind sie entstanden? Welche Erinnerungen steigen in Ihnen auf, wenn Sie an das Ereignis denken? Wie hat das Ereignis Sie geprägt?
- Haben Sie besondere Merkmale – Muttermal, Feuermal, Warze – , die Ihr Wohlgefühl beeinträchtigen, mit denen Sie zeitlebens unzufrieden, unglücklich sind? Würden Sie sich ohne dieses Merkmal anders verhalten?
- Haben Krankheiten sichtbare Spuren auf/ an Ihrem Körper hinterlassen? Wie alt waren Sie damals? Was wäre ohne die Krankheit anders in Ihrem Leben verlaufen?
- Welches Gefühl löst der Anblick Ihres Busens, Ihres Bauchs, Ihrer Schultern, Ihrer Arme in Ihnen aus? Haben Sie ein Kind oder mehrere Kinder geboren? Erinnern Sie sich noch an Ihre körperlichen Empfindungen im Zusammenhang mit Ihrer Schwangerschaft? Gab es Schwierigkeiten? Hat sich Ihr Körper durch Schwangerschaft und Geburt verändert? Sind Sie dankbar für Ihre Erinnerungen, oder verbinden Sie schlimme Gedanken mit der Entbindung, die Sie lieber verbannen möchten?
- Sind Sie traurig, weil Sie (noch) kein Kind haben? Machen Sie Ihrem Körper »Vorwürfe«, weil er es Ihnen verweigert, schwanger zu werden? Haben Sie Ängste, weil die »biologische Uhr« tickt und Sie immer noch kein Kind, vielleicht auch noch keinen möglichen Vater für ein Kind haben?
- Ihr Körper und Ihre Sexualität – wie ist es damit bestellt? Fühlen Sie sich begehrenswert? Muten Sie Ihrem Körper (und Ihrem geistigen Selbst) sexuelle Begegnungen zu, die Sie eigentlich nicht bejahen? Vermissen Sie sexuelle Begegnungen, sehnen Sie sich danach, wieder einmal (wirklich liebevoll oder

überhaupt) von einem Menschen in den Arm genommen zu werden?

- In welchem gesundheitlichen Zustand befindet sich Ihr Körper derzeit?

- Ist Ihnen bewußt, welches phantastische Zusammenspiel von Organen, Kreislauf, Hormonen und Enzymen notwendig ist, um alle Funktionen in Gang zu halten? Können Sie ein Gefühl der Ehrfurcht, Dankbarkeit und Freude dafür empfinden, daß Ihr Körper so unablässig für Sie arbeitet? Ist es Ihnen bewußt, wie kostbar das Geschenk ist, daß Sie durch Ihren Körper die Welt erfahren dürfen? Daß Sie sehen, hören, riechen, schmecken und fühlen können?

So entwickeln Sie ein besseres Körpergefühl

Auch wenn heute oft überzogene Schönheitsideale gültig sind, müssen Sie sich ihnen nicht unterwerfen. Sie haben durchaus die Möglichkeit, sich ein neues Bild von sich zu machen, indem Sie Ihren eigenen Schönheitsbegriff entwickeln. Sich zu lieben und anzunehmen heißt ja nicht, wie bereits gesagt, daß man sich nun gehen läßt und nichts mehr für sich tut. Wie möchten Sie nach Ihren eigenen Vorstellungen sein? Wie könnten Sie sein? Wie könnten Sie das erreichen?

Ein neues Bild von sich selbst entwickeln

Wenn Sie damit beginnen, Ihren Körper weniger kritisch zu sehen und statt dessen seine Leistungen anzuerkennen, werden Sie von selbst das Bedürfnis verspüren, ihm zu mehr Wohlgefühl zu verhelfen. Dabei geht es gar nicht darum, Ihr Äußeres zu verändern und sich etwa einem Fitneß- oder Bodybuildingprogramm zu unterziehen. Es genügt völlig, daß Sie regelmäßige Bewegung – am besten in frischer Luft – zu einem festen Bestandteil Ihrer Lebensweise machen. Und das wird wiederum Auswirkungen auf Ihr Aussehen und Ihre ganze Ausstrahlung haben.

Durch Bewegung und sportliches Training erhalten die Zellen mehr Sauerstoff, werden auf Herz- und Kreislauf lebensnotwendige Reize ausgeübt. Durch Untersuchungen weiß man: Die körperliche Leistungsfähigkeit läßt sich durch systematisches Üben selbst bei völlig untrainierten Menschen noch bis zu 50 Prozent über die Ausgangswerte steigern. Das hat wiederum Auswirkungen auf den Alterungsprozeß: Regelmäßige körperliche Bewegung verlangsamt das Altern.

Dabei muß die Bewegung aber nicht das Joggen sein. Wenn Sie etwas für sich tun wollen, können Sie das mit jeder Form von Bewegung, also auch mit Spazierengehen, Wandern, Tennis, Radfahren oder Schwimmen.

Radfahren und Schwimmen sind im übrigen besonders günstig, wenn Sie Übergewicht haben oder Verschleißerscheinungen an den Gelenken spüren, da Ihr Körper dabei vom Fahrrad bzw. Wasser getragen wird.

Als besonders wirksam hat sich Ausdauer-Training erwiesen. Durch die Verbesserung Ihrer »allgemeinen aeroben Ausdauer«, die eine vermehrte Sauerstoff-Aufnahme ermöglicht, können Sie Ihrem Körper ganz neue Kräfte zuführen:

- Die Lunge nimmt mehr Luft und damit auch mehr Sauerstoff auf, der den Körper stärker aktiviert.
- Das Herz wird so gekräftigt, daß es mit jedem Schlag mehr Blut durch die Adern pumpen kann. Bald beginnt es, langsamer und dennoch wirksamer zu arbeiten.
- Die Blutgefäße können sich bis auf ihren doppelten Umfang erweitern und auch dadurch den Körper mit mehr Sauerstoff versorgen.
- Die Blutmenge nimmt zu, auch dies führt dazu, daß die Zellen mehr Sauerstoff erhalten.
- Die Muskeln straffen sich und werden elastischer.
- Hoher Blutdruck sinkt ab.
- Das Fettgewebe schwindet zugunsten der Muskulatur, Sie nehmen ab.

Ausdauertraining kann man mit Laufen, Radfahren, Schwimmen, Ski- oder Bergwandern machen. Auch Trablaufen eignet sich gut.

Akzeptieren Sie Ihr Übergewicht

Natürlich gibt es Fälle, in denen man sich nicht mit seinem Übergewicht abfinden, sondern zum Arzt gehen sollte – aus medizinischen Gründen. Von diesen Fällen soll hier nicht die Rede sein. Wenn Sie zu dieser Gruppe gehören sollten, hat Ihr Arzt

Ihnen vermutlich schon gesagt, welche gesundheitlichen Risiken mit Ihrem Übergewicht verbunden sind. Einfach zu sagen: »Akzeptieren Sie Ihr Gewicht!« könnte hier leichtfertig sein.

Wenn Sie jedoch überwiegend aus Schönheitsgründen seit Jahren vergeblich gegen Ihre Pfunde ankämpfen, sollten Sie sich und Ihren Umfang ab jetzt aus einer neuen Perspektive betrachten. *Welche Gefühle haben Sie Ihrem rundlichen Körper gegenüber? Empfinden Sie Selbsthaß, weil Sie es nicht schaffen, schlank zu werden? Verhüllen Sie sich in weiten Jacken und Röcken? Gehen Sie ungern zum Kleiderkaufen, weil Sie Ihr Anblick im Spiegel der Umkleidekabine deprimiert? Fühlen Sie sich schlankeren Frauen gegenüber unterlegen?*

Wie so viele Ängste und Befürchtungen sind auch diese negativen Empfindungen ausschließlich in Ihrem Kopf vorhanden: Nur Sie glauben, Sie müßten so schlank sein, nur Sie befassen sich bei jeder Mahlzeit (und bei jeder Mahlzeit, auf die Sie verzichten) mit Ihrem Gewicht.

Viele übergewichtigen Frauen leben mit dem Gefühl, daß das Leben eigentlich erst beginnt, wenn sie endlich abgenommen haben. Daß damit wunderbare Lebenszeit an ihnen vorbeistreicht, in der sie unzufrieden mit sich sind, machen sie sich dabei gar nicht bewußt.

Vergessen Sie doch einmal eine Weile dieses ganze Thema. Fangen Sie damit an, daß Sie Ihre Waage aus dem Badezimmer verbannen. Die meisten Frauen, die sich zu dick fühlen, wiegen sich morgens nach dem Aufstehen. Ängstlich blicken sie auf die Waage, ob sie eine positive oder negative Veränderung anzeigt. Im Gehirn eingespeichert ist dabei das Gewicht vom Vortag, und die bange Frage lautet: »Wiege ich weniger als gestern, immer noch gleichviel oder sogar mehr?« Bei der Antwort »gleich viel« oder gar »mehr« werden eine ganze Reihe von negativen Gefühlen erzeugt und belasten unnötig den Tag. Wozu? Was ändert sich dadurch? Ihr Gewicht sicher nicht.

Statt dessen

- fühlen Sie sich als Versagerin
- halten sich für disziplinlos
- denken Sie bei jeder Mahlzeit an die verflixte Waage und ihr morgiges Ergebnis

- greifen Sie erst recht nach der Schokolade, die im Super-
markt neben der Kasse liegt (weil's doch sowieso egal ist),
- genieren Sie sich wegen Ihrer Fülle vor anderen.

Warum wollen Sie sich das alles antun?
Vergessen Sie doch wirklich eine Zeitlang die Waage, schließen Sie sie in einen Schrank ein oder stellen Sie sie in den Kel-
ler. Wenn Sie glauben, ohne Waage schrecklich zuzunehmen,
schließen Sie sie nur eine Woche lang weg und stellen Sie sich
dann wieder darauf: Wieviel wiegen Sie jetzt? Vielleicht ist es
sogar etwas weniger als vorher, weil Ihr Denken nicht mehr so
zwanghaft um Waage und Gewicht kreist. Es sind die unzähligen
vorwurfsvollen Selbstgespräche, die Ihnen schaden. Sie werden
durch den Blick auf die Waage in Gang gesetzt – und sie ver-
stummen bei manchen Frauen den ganzen Tag nicht mehr.
Durch die Verbannung der Waage können Sie vielleicht ganz
neue Selbstgespräche in Gang setzen.
Möglicherweise fällt es Ihnen leichter, Ihre Pfunde zu
akzeptieren, wenn Sie sie einmal unter einem liebevollen
Gesichtspunkt sehen könnten: Was sind Ihrer Ansicht nach
die Gründe dafür, daß Sie im Lauf der Zeit so zugenommen
haben?
Antworten Sie jetzt nicht gleich wieder selbstanklagend:
»Weil ich eben disziplinlos bin und mich nicht bremsen kann
beim Essen.«
Forschen Sie einmal danach, wovor Ihr Körper Sie beschützen
will. Gibt es etwas, das für Sie schlimmer wäre als das Übergewicht? Und könnte es nicht sein, daß Ihr Körper Sie durch Ihre
Pfunde davor bewahren will? Dazu könnten zum Beispiel so
quälende Gefühle wie Verzweiflung, Panik, Hoffnungslosigkeit,
Angst oder Einsamkeit gehören.
Mit dem Schutzpanzer aus Fett verfolgt Ihr Körper möglicherweise die Absicht, Ihre innere Stabilität zu bewahren.
Man kann die Ursachen für Übergewicht im wesentlichen in
vier Schwerpunkte gliedern:
- *Übergewicht als Schutz vor sexueller Annäherung.* Indem
sich die betreffende Frau eine Speckschicht anfuttert, entzieht sie sich (so hofft sie unbewußt oder auch bewußt) männ-
licher Aufmerksamkeit. So ist es bekannt, daß Frauen, die als

*Ursachen des Über-
gewichts ergründen*

Mädchen mißbraucht wurden, oft beträchtliches Übergewicht haben.

- *Übergewicht als Zeichen einer schwierigen Mutter-Tochter-Beziehung.* Das Dicksein ist hier eine Folge der mütterlichen Verhaltensweise. Aus unterschiedlichen Gründen »gönnt« die Mutter es ihrer Tochter nicht, selbstbewußt und sexuell anziehend zu werden. Die entsprechenden Suggestionen in den Teenagerjahren vermittelten der Tochter unterschwellig die Botschaft: Du darfst nie begehrenswerter, weiblicher, selbstbewußter, erfolgreicher werden als ich!

Weil die Tochter in einer derartigen Atmosphäre kein positives Körpergefühl entwickeln kann, fühlt sie sich – den unbewußten Wünschen der Mutter entsprechend – disziplinlos, willensschwach und wenig anziehend.

- *Übergewicht als Folge ständiger Diäten*, mit denen dem allgemeinen Schönheitsideal entsprochen werden soll.

- *Übergewicht als Ausdruck für einen Mangel an Streicheleinheiten.* Weil man sich ungeliebt fühlt, weil man einsam ist, sucht man die Mangelgefühle durch Essen zu stillen.

Wenn das Dicksein jedoch überflüssig geworden ist, weil die seelische Ursache dafür nicht mehr vorliegt, nimmt man plötzlich ganz von selbst und ohne Diät ab und bleibt dauerhaft schlank.

Die Lösung besteht im Fall der belastenden Mutter-Tochter-Beziehung darin, daß sich die Tochter von dieser negativen Programmierung befreit und sich selbst mit liebevolleren Augen sehen kann als es die Mutter bisher tat. So etwas geht oft nicht ohne psychotherapeutische Hilfe.

Sollte ein Mangel an Streicheleinheiten bei Ihnen die Ursache sein, versuchen Sie, sich selbst diese Streicheleinheiten zu geben (wenn andere es nicht tun können oder wollen): Lassen Sie es sich gutgehen und quälen Sie sich nicht noch zusätzlich mit Diätversuchen!

Akzeptieren Sie es zumindest für eine Weile, daß Sie nun eben nicht mehr Kleidergröße 38 oder 40 tragen können, sondern vielleicht erst in Größe 44, 46 oder mehr die Kleidungsstücke finden, in denen Sie sich wohlfühlen können. Wenn Sie aufhören, sich in zu enge Sachen zwängen zu wollen, wird der Blick in den Spiegel der Umkleidekabine weniger frustrierend sein!

Und damit gibt es weniger Anlaß, unfreundliche und schädliche Selbstgespräche mit sich zu führen.

Achten Sie auf die Signale Ihres Körpers

Häufige Hungerkuren erzeugen einen Zustand des Mißtrauens zwischen Ihrem Körper und Ihrem Verstand. Ihr Unterbewußtsein versucht, Sie vor Gefühlen zu bewahren, die Ihnen schaden könnten; Sie jedoch bestrafen Ihren Körper dafür, indem Sie ihn hungern lassen. Es gehört zu Ihrem persönlichen Überlebensprogramm, mit dem die Natur Sie ausgestattet hat, daß Sie hungrig und durstig werden, wenn Ihr Körper mit Nährstoffen und Flüssigkeit versorgt werden muß.

Nun aber muten Sie ihm während Ihrer Hungerkur Verzicht zu. Im Bemühen, Ihr Leben um jeden Preis zu beschützen, antwortet er mit verstärkten Hungergefühlen: Sie bekommen so große Lust, ja Gier auf Essen, daß Sie die Kontrolle verlieren und ganz unbeherrscht drauflos essen. Und dementsprechend nehmen Sie zu.

Der erste Schritt, mit Ihrem Körper wieder in eine bessere Verbindung zu kommen, ist es, in ihm nicht mehr länger einen Feind zu sehen. Das heißt zugleich, daß Sie ihn nicht mehr zum Abnehmen und zu Hungerkuren zwingen, sondern darauf vertrauen, daß Ihr Körper sich selbst regulieren kann.

Auch wenn Übergewicht nicht zu Ihren Problemen gehört, ist es notwendig, daß Sie sich um Ihren Körper kümmern und in besseren Kontakt zu ihm zu kommen. Er kann Sie vor vielen Dingen warnen, die Ihnen schaden könnten.

Durch Ablehnung bis hin zum Selbsthaß, aber auch durch eine ungesunde Lebensweise verlernen wir im Lauf der Zeit, auf die Signale des Körpers zu achten. Dabei wäre unser ursprüngliches Körpergefühl ein guter Gradmesser für alles, das uns gut oder schlecht bekommt. Wenn wir auf uns hören, schmecken uns reine Obstsäfte gut, halten wir uns gern in frischer Luft auf, bewegen wir uns gern im klaren Wasser eines sauberen Sees, bleiben wir nur begrenzte Zeit in der (prallen) Sonne. Wir wissen, welche Nahrungsmittel unser Körper gerade braucht, wir spüren, wann wir wirklich hungrig sind, und wann wir nicht mehr weiteressen sollten.

So im Einklang mit seinen Bedürfnissen zu leben, würde uns mit Lust und Freude erfüllen. Doch die meisten haben es verlernt, so natürlich zu leben. Wir halten uns mit Zigaretten wach oder bei – vermeintlich – guter Laune, wir trinken mehr, als unser Körper verträgt, wir sitzen den ganzen Tag im Büro und dann auch noch abends vor dem Fernsehapparat.

Nikotin und Alkohol, Beruhigungs- und Schlafmittel, salzige Knabbereien und Zucker sollen uns helfen, mit Streß und Depressionen, Langeweile und Angstzuständen, Einsamkeit und sexuellen Frustrationen fertigzuwerden. Bei dieser Lebensweise kann jedoch kein wahres Lustgefühl entstehen. Alles, was wir als Ersatzbefriedigung zu uns nehmen, kann uns zwar kurzfristig beruhigen und trösten. Langfristig verstärken sich die Probleme jedoch dadurch noch.

Versuchen Sie in Zukunft, wieder mehr auf Ihren Körper zu hören und ihm auf andere Weise als durch Ersatzbefriedigungen zu Wohlbefinden zu verhelfen:

- Streichen Sie Giftstoffe so weit wie möglich;
- lassen Sie es sich oft wohlergehen: Genießen Sie Augenblicke in der Sonne, im Wind, an der frischen Luft, in der Natur, am Wasser;
- gönnen Sie sich öfter eine »Musiktherapie«, indem Sie beruhigende – am besten klassische – Musik hören;
- lassen Sie sich von Ihrem Partner massieren;
- versetzen Sie sich gedanklich an schöne Orte, wenn Sie gestreßt und unruhig sind. Stellen Sie sich zum Beispiel Blumenwiesen, einen stillen Bergsee oder andere Bilder vor, beim denen Sie sich entspannen können.
- Und vor allem: Führen Sie nur noch freundliche Selbstgespräche mit sich!

Der Weg zu einem besseren Eßverhalten

Falls Sie etwas Übergewicht haben: Ist es Ihnen auch schon aufgefallen, daß Sie schlanke Menschen in Ihrer Umgebung öfter mal mit einer Süßigkeit sehen – während Sie sich das praktisch nie erlauben. Und wenn Sie doch mal »sündigen«, dann zeigt Ihre Waage am nächsten Tag gleich ein Kilogramm mehr. Woran liegt es, daß schlanke Menschen schlank bleiben, auch wenn sie mal eine Schachtel Pralinen essen?

Sicher gibt es dafür auch eine anlagebedingte Begründung. Doch die Veranlagung zu schmalerem oder kräftigerem Körperbau ist wohl nicht die einzige Erklärung.

Wer schlank ist – zwanglos schlank ist, wohlgemerkt –, hat eine andere Einstellung zum Essen. Er ißt, wenn er hungrig ist, er ißt Süßes, wenn er Lust auf Süßes verspürt, Obst, wenn er Lust auf Obst hat, Kuchen, wenn ihm nach Kuchen zumute ist.

Mit gutem Gewissen essen

Für die meisten Übergewichtigen ist Essen jedoch mehr als eine Nahrungsaufnahme. Schon die Wortwahl verrät es: Man »sündigt«, man hat ein »schlechtes Gewissen«, man »gönnt« sich etwas Süßes.

Als Kind machten wir die Erfahrung, daß Geliebtwerden und Genährtwerden eng zusammenhängen. Viele Menschen behalten diese kindliche Einstellung zum Essen bei. Sie essen, um emotionale Bedürfnisse zu stillen. Um die Nahrungsaufnahme als solche geht es gar nicht.

Dabei ist Essen normalerweise weder Bestrafung noch Belohnung, sondern ein natürlicher Vorgang, bei dem Sie – wie alle Lebewesen – die Stoffe zu sich nehmen, die für die Erhaltung lebenswichtiger Vorgänge Ihres Körpers notwendig sind. Zum richtigen Eßverhalten gehört es, daß Sie »mit gutem Gewissen essen« dürfen, und daß Sie essen dürfen, worauf Sie Lust haben.

Wichtig sind nur drei Dinge:

- daß Sie nicht aus Frustration oder Langeweile essen;
- daß Sie auf die Qualität Ihrer Nahrung achten;
- daß Sie auf die Qualität Ihres Eßverhaltens achten.

Schlingen Sie die Nahrung also nicht hinunter, und stopfen Sie nichts in sich hinein. Legen Sie sich kleine Portionen auf den Teller (und nehmen notfalls nach, wenn Sie noch Hunger haben). Hören Sie auf, wenn Sie gesättigt sind; lernen Sie wieder, das Gespür für »Gesättigtsein« zu bekommen.

Achten Sie in der nächsten Zeit einmal darauf, in welchen Situationen Sie essen möchten. Welche Gefühle und Wünsche haben Sie dabei? Welche Frustrationen möchten Sie möglicherweise damit stillen? Essen Sie zum Beispiel dann, wenn Sie sich nicht durchgesetzt haben? Wenn Sie Kummer oder Ängste haben? Wenn Sie Streicheleinheiten brauchen? Denken Sie darüber nach, jetzt. Denn wenn wieder so ein Moment gekommen ist, in dem Sie »Trost« brauchen, merken Sie vielleicht gar nicht, daß Sie schon wieder automatisch zu einem Schokoriegel gegriffen haben.

Essen als Ersatzbefriedigung?

Glauben Sie, daß Essen wirklich oft eine Ersatzbefriedigung für Sie ist? Dann wäre es wichtig zu lernen, sich nicht mit dem Essen als Ersatz zufriedenzugeben, sondern Ihrem eigentlichen Wunsch nachzugehen. Das bedeutet: Setzen Sie sich in Zukunft besser durch. Teilen Sie zum Beispiel Ihrem Mann und Ihren Kindern mit, was Sie eigentlich von ihnen erwarten. Setzen Sie sich auch im Kollegenkreis besser durch, lassen Sie sich nicht mehr so viel gefallen.

Diese Umstellung läßt sich natürlich nicht mit einem einzigen guten Vorsatz bewältigen. Es ist ein langer Prozeß bis dahin. Für den Anfang wäre es einfach nur wichtig, daß Sie etwas aufmerksamer für Ihr Eßverhalten werden und sich darüber klarwerden, worin Ihre wirklichen Wünsche bestehen.

Was die Qualität der Ernährung angeht, so gewöhnen Sie es sich an, stärker auf die Zusammensetzung Ihrer Nahrungsmittel zu achten – auch wenn Sie schlank sind!Sie müssen nicht zur Vegetarierin werden, aber viele Wurstsorten beispielsweise sollten Sie ganz streichen, weil zuviel Fett darin enthalten ist.

Es gibt heute so viel Informationen über gesunde Ernährung, daß Sie sich ohne Aufwand über gesunde, reine Nahrung mit dem notwendigen Gehalt an Ballaststoffen, Vitaminen und Spurenelementen informieren können. Fast alle Krankenkassen geben entsprechende Ernährungspläne heraus, die Sie sich zuschicken lassen können. Erkundigen Sie sich einmal bei Ihrer Krankenkasse darüber.

Allgemein läßt sich sagen: Verzichten Sie zunehmend auf (fette) Wurst, Pommes frites, fette Salatsoße, Weißbrot und dergleichen. Aber wenn Sie mal ein entsprechendes Gelüst danach überkommt, dann erlauben Sie es sich ohne Gewissensbisse.

Zur eigenen Wertschätzung gehört es nicht nur, daß Sie gesunde Nahrungsmittel zu sich nehmen, sondern auch, daß Sie bewußt und langsam essen. Nur so können Sie auch wieder spüren, wann Sie satt sind.

Lebensmittel im Stehen herunterzuschlingen, sich an Bahnhöfen oder Imbißbuden durch den Geruch von Bratwurst oder ähnlichem häufig zu ungeplantem, ungewollten, unbequemen, zudem meist wertlosem Essen verführen zu lassen, sollten Sie sich abgewöhnen (wenn Sie sich überhaupt je davon angezogen fühlten).

Aber auch hier gilt: Wenn Sie gelegentlich doch mal Heißhunger auf eine Currywurst oder Pommes frites bekommen – dann greifen Sie eben zu! Es sollte nur keine Angewohnheit werden oder bleiben, diesem Impuls ständig nachzugeben.

Bereiten Sie normalerweise Ihre Speisen liebevoll zu, schaffen Sie sich eine angenehme Atmosphäre beim Essen, kauen Sie gründlich, essen Sie bewußt und mit Freude.

Checkliste: Was tun Sie für Ihren Körper?

Bitte kreuzen Sie an, welche Punkte Sie bereits beachten, welche Sie weniger beachten und welche Sie noch gar nicht beachten.
Die Punkte, die Sie weniger oder noch gar nicht berücksichtigen, sollten Sie in Zukunft in Ihr Programm für den Umgang mit sich selbst einbauen:

- Ich achte auf die Signale
meines Körpers: ❏ ja ❏ weniger ❏ gar nicht
- Ich bewege mich regelmäßig,
indem ich mehrmals in der
Woche mindestens 30 Minuten
radfahre (schwimme, spazierengehe, jogge oder schnell
spazierengehe): ❏ ja ❏ weniger ❏ gar nicht
- Ich verwende täglich etwas
Zeit darauf, mich meinem
Körper liebevoll zuzuwenden
und ihn zu pflegen: ❏ ja ❏ weniger ❏ gar nicht
- Ich achte darauf, mich
gesund zu ernähren: ❏ ja ❏ weniger ❏ gar nicht

- Ich trinke viel Flüssigkeit
(Mineralwasser), etwa 2 Liter
täglich: ❑ ja   ❑ weniger   ❑ gar nicht
- Ich esse mit Lust, nehme
mir Zeit dafür, kaue gut und
versuche, den Geschmack der
Nahrung bewußt zu erleben: ❑ ja   ❑ weniger   ❑ gar nicht
- Ich verwende wenig Salz: ❑ ja   ❑ weniger   ❑ gar nicht
- Ich sorge dafür, daß ich
ausreichend schlafe: ❑ ja   ❑ weniger   ❑ gar nicht
- Ich rauche nicht: ❑ ja   ❑ weniger   ❑ gar nicht
- Ich trinke wenig Alkohol;
ich trinke keinen Alkohol,
wenn ich Autofahren oder
geistig wach bleiben muß: ❑ ja   ❑ weniger   ❑ gar nicht
- Ich nehme nur die Medi-
kamente ein, die für mich
unbedingt notwendig sind: ❑ ja   ❑ weniger   ❑ gar nicht
- Ich benütze nach Möglich-
keit die Treppe, auch wenn
ein Fahrstuhl vorhanden ist: ❑ ja   ❑ weniger   ❑ gar nicht
- Ich mache regelmäßig
Atem- oder Meditations-
übungen, um mich zu ent-
spannen und Streß abzubauen: ❑ ja   ❑ weniger   ❑ gar nicht
- Ich setze mich nicht
stundenlang ungeschützt der
Sonne aus: ❑ ja   ❑ weniger   ❑ gar nicht
- Ich trage in aller Regel
bequeme Kleidung,
bequeme Schuhe: ❑ ja   ❑ weniger   ❑ gar nicht

GEBEN SIE SICH STREICHELEINHEITEN

Zu den lebensnotwendigen Grundbedürfnissen von Menschen
gehören Streicheleinheiten. Damit sind bestimmte Formen ge-
genseitiger Wahrnehmung gemeint: echtes Streicheln, Streicheleinheiten durch Lob und Anerkennung, Streicheleinheiten

durch Austausch von Blicken, aber auch der Ausdruck von Miß-
billigung.

Säuglinge brauchen zu ihrem Überleben ganz reale körperliche
Kontakte, müssen liebevoll berührt und gestreichelt werden.
Erwachsene können notfalls auch mit einem Minimum daran
auskommen. Aber auch bei ihnen wird ein Mangel an wohlwol-
lender Beachtung zu körperlichen und seelischen Erkrankungen
bis hin zu tiefen Depressionen führen.

Wer dagegen gut mit Streicheleinheiten – Zärtlichkeit, Lieb-
kosungen, Aufmerksamkeiten, Anerkennung – versorgt ist, hat
mehr Widerstandskräfte, ganz davon abgesehen, daß er dabei
einfach glücklicher ist!

Keine Angst vor Eigenlob

Von Kindheit an hören wir, daß es etwas Schlechtes ist, im Mittelpunkt stehen zu wollen, anzugeben und zu prahlen. Kinder,
die das tun, werden im allgemeinen schnell zurechtgewiesen:
»Laß das, das gehört sich nicht!« Auch Kinder selbst wiederum
weisen einen »Angeber« schnell in die Schranken.

Aus erzieherischen Gründen sparen Eltern häufig ganz bewußt
mit Lob und Anerkennung: Das Kind soll sich stets bemühen,
noch besser zu werden, sich noch mehr anzustrengen. Das führt
jedoch dazu, daß viele Erwachsene ein Defizit an Lob und Anerkennung haben. Gleichzeitig fühlen sie sich schuldbewußt darüber, daß sie noch solche kindlichen Wünsche in sich tragen.

Viel geläufiger, als sich selbst zu loben, ist es den meisten,
sich niederzumachen und zu kritisieren. Und keiner empfindet
etwas dabei, wenn ein anderer sagt: »Da habe ich wieder mal
Mist gebaut!«, »Das traue ich mir nicht zu!« oder »Ich sehe
heute furchtbar aus!«

Sagt aber jemand: »Das habe ich sehr gut hingekriegt!« – »Ich
weiß, daß ich mir auch schwierige Sachen zutrauen kann!«
oder »Ich sehe heute sehr gut aus!« ist man etwas befremdet.
Und seltsam finden wir es gewöhnlich auch, wenn uns ein Erwachsener ernsthaft zu Lob auffordert: »Nun lobe mich doch
mal!« oder »Habe ich das nicht gut gemacht?« (Höchstens im
Spaß darf das mal ausgesprochen werden!)

Sicher steckt kindliche Unreife dahinter, wenn jemand unbedingt Bestätigungen von außen für sein Tun bekommen muß. Doch warum sollte man sich nicht zugestehen, in bestimmten Bereichen einen Nachholbedarf zu haben? *Wie ergeht es Ihnen? Haben Sie heute noch das Gefühl, zu wenig Lob und Anerkennung zu erhalten? Haben Sie manchmal das Gefühl, daß Sie in Ihrer Familie viel mehr Streicheleinheiten verteilen als Sie selbst bekommen?*

Sich selbst »Streicheleinheiten« geben

Falls es sich so verhält: Geben Sie sich ruhig selbst öfter Streicheleinheiten. Loben Sie sich, nicken Sie Ihrem Spiegelbild gelegentlich aufmunternd zu und sagen Sie sich etwas Anerkennendes, und zwar sowohl über Ihr Äußeres als auch über Dinge, die Sie Ihrer Meinung nach gut gemacht haben.

Wenn Sie wollen, setzen Sie sich doch in einer ruhigen Stunde einmal hin und versuchen Sie, sich einen Brief an sich zu schreiben, der lauter freundliche Aussagen über Sie enthält. Sie werden anfangs wahrscheinlich größte Mühe damit haben, weil Sie es gar nicht gewöhnt sind, sich selbst zu loben.

Seien Sie nett zu sich

Innere Auseinandersetzung mit der Kindheit schaffen

Um sich selbst näherzukommen, ist es auch eine große Hilfe, sich noch einmal intensiv mit dem Kind zu beschäftigen, das Sie früher waren. Versuchen Sie, diese innere Auseinandersetzung mit Ihrer Kindheit an einem Tag vorzunehmen, an dem Sie mehrere Stunden hintereinander ungestört sind. Holen Sie sich Ihre Fotoalben aus der Kinderzeit und vergegenwärtigen Sie sich die einzelnen Lebensabschnitte, die darin festgehalten sind, so plastisch wie möglich. Welche Gefühle steigen in Ihnen auf, wenn Sie sich als Säugling im Arm Ihrer Mutter, Ihres Vaters sehen? Welche Gefühle drücken sich im Gesicht der Eltern aus?

Für die Annahme Ihres Selbst ist es von zentraler Bedeutung, inneren Frieden mit Ihren Eltern schließen zu können. Auch wenn Sie Anlaß haben sollten, mit Traurigkeit an bestimmte Kindheitserinnerungen zu denken: Versuchen Sie, das Verhalten Ihrer Mutter, Ihres Vaters in einem versöhnlichen Licht zu sehen. Indem Sie mit Ihrer Mutter, Ihrem Vater Frieden schließen, werden sich auch mit die inneren Elternstimmen, die Ihr Tun und Handeln begleiten in liebevollere Stimmen verwandeln können.

Was wissen Sie über Ihre Geburt? Wurden Sie mit Freude er-
wartet? Nach welchen Gesichtspunkten wurde Ihr Vorname für
Sie ausgesucht? Wie empfanden Sie diesen Namen als Kind? Ver-
birgt sich Liebe hinter der Auswahl? Mögen Sie Ihren Vornamen
– oder haben Sie ihn lange abgelehnt, weil er Ihnen zum Bei-
spiel nach Verwandten gegeben wurde, die Ihnen nichts bedeu-
ten? Von welchem Zeitpunkt an können Sie auf bewußte Kind-
heitserinnerungen zurückgreifen und wissen noch, wie die
Situation war, in der das entsprechende Foto entstand? Wie se-
hen Ihre ersten wichtigen – traurigen und schönen – Erinnerun-
gen aus? Welche Empfindungen löst der Anblick des drei-, vier-
jährigen Kindes, das Sie waren, in Ihnen aus? Erinnern Sie sich
noch an Ihre Gefühle an Ihrem ersten Schultag? Tut Ihnen das
Kind leid, das da so strahlend mit der Schultüte steht und nicht
ahnt, was auf es zukommt? Können Sie dieses Kind in Gedanken
streicheln?

Wenn in Ihnen ein Gefühl der Wärme, des Mitleids, der Zärtlichkeit für dieses Kind entsteht, denken Sie daran: Dieses Kind
ist noch in Ihnen, ist ein Bestandteil Ihres Wesens. Nehmen Sie
dieses Kind gedanklich in den Arm: Versuchen wenigstens Sie,
es liebevoll anzunehmen, nachdem es andere schon nicht oder
nicht ausreichend genug taten. *Wie stehen Sie zu dem Teen-*
ager, der auf den Fotos zu sehen ist? Welche Rolle spielten
Jungen damals für Sie? Waren Sie in Ihrer Gruppe anerkannt?
Welche Erinnerungen haben Sie an Ihren ersten Kuß, Ihr erstes
sexuelles Erlebnis? In welchem Zusammenhang steht es mit
Ihrem Selbstwertgefühl?

Wahrscheinlich hatten Sie manche der Erinnerungen ver-
drängt, vergessen. Sie jetzt zurückzuholen soll Sie nicht mit
weiterem Zorn oder anhaltender Trauer erfüllen, sondern hat
nur diesen Sinn: daß Sie Ihrem eigentlichen Selbst wieder na-
hekommen und es liebgewinnen. Das hilft Ihnen, Ihre eigenen
Handlungen mit freundlicheren Gedanken zu begleiten.

Suchen Sie sich unter all den Fotos eine oder zwei Aufnahmen
heraus, die besonders warme Gefühle für das einstige Kind
auslösen, und stellen Sie es an einem für Sie gut sichtbaren
Platz auf!

ERKENNEN SIE IHRE WÜNSCHE UND ZIELE

Sich zu akzeptieren, so wie man ist, heißt jedoch nicht, daß man von nun an nicht mehr an sich arbeitet, seine inneren Kräfte nicht mehr weiter stärkt, keine Veränderungen mehr an sich vornimmt und sich einfach treiben läßt. Im Gegenteil: Wenn Selbstzweifel und Selbsthaß von uns abgefallen sind und wir uns von alten Denkmustern gelöst haben, können wir neue Kräfte freisetzen und die Möglichkeiten unseres Lebens ganz ausschöpfen.

Was würden Sie gern an sich selbst verändern? Wie würden Sie Ihr Leben gern umgestalten? Was sind Ihre Wünsche und Pläne in bezug auf die Zukunft?

Viele Menschen machen sich darüber keine genauen Vorstellungen. Ohne Vorstellung von dem, was sie erstreben, können sie sie aber auch nicht gestalten. Sie leben mehr oder weniger in den Tag hinein und warten ab, was passiert.

Wenn wir uns keine Ziele sowohl über unsere persönliche Weiterentwicklung als auch in Hinblick auf unsere Lebensgestaltung setzen, bleiben Wünsche und Träume im Ansatz stecken. Unser Leben ist jedoch nicht die Summe unserer Tagträume. Nur die Wunschvorstellungen, die wir verwirklichen, zählen im Rückblick als unser Leben.

Zeit ist kostbar

Ein Teil dieses Lebens vollzieht sich gewissermaßen von selbst, ohne daß wir uns Gedanken darüber machen oder uns eigens dazu entschließen müssen. So sind Kindheit und Jugend weniger mit unseren eigenen Lebensvorstellungen verbunden als mit denen unserer Eltern. Sie stellen die entscheidenden Weichen, indem sie unsere Begabungen fördern (oder auch nicht), indem sie uns in weiterführende Schulen schicken (oder auch nicht), indem sie uns studieren oder eine anderweitige gute Ausbildung zukommen lassen (oder auch nicht).

Unser Beitrag besteht in diesen Jahren hauptsächlich darin,

diese Angebote und Möglichkeiten wahrzunehmen, zu lernen und zu üben. Frühestens mit Beginn der Pubertät, spätestens im Verlauf der Berufsausbildung beginnen wir beim Ausmalen der Zukunft unsere eigenen Vorstellungen in den Vordergrund zu schieben und uns mehr oder weniger von den Plänen unserer Eltern zu lösen.

Diese Zukunft scheint noch unermeßlich viel Raum für die Erfüllung unserer Phantasien zu haben. Daß die Zeit, die uns zur Realisierung von Ideen und Träumen bleibt, in Wirklichkeit begrenzt ist, merken viele erstmals, wenn der 30. Geburtstag heranrückt. Für Frauen ist dieses Datum nicht nur Anlaß, über ihre Berufs- und Partnerschaftssituation nachzudenken, sondern sich mit dem Gedanken an Kinder auseinanderzusetzen. Jedenfalls dann, wenn sich der Kinderwunsch bis dahin noch nicht erfüllt hat oder wenn noch weitere Geschwister geplant sind. Hier wird ihnen stärker als bei den anderen Themen bewußt, daß die (biologische) Uhr tickt und sich der Zeitraum zum Handeln – sprich: Kinderkriegen – auf die nächsten fünf bis zehn Jahre beschränkt. Zwar ist es auch danach noch eine ganze Weile möglich, Kinder zu bekommen, doch nur wenige Frauen werden wohl bewußt den Vorsatz fassen, erst mit 45 Jahren Mutter zu werden!

Daß auch die verbleibende Zeit zur Realisierung anderer Wünsche und Lebenspläne eng bemessen ist, macht man sich oft nicht klar.

Auch mir war lange nicht bewußt, wie begrenzt diese Zeit ist. Ich bekam jedoch schlagartig einen Eindruck davon, als eine Kollegin spaßeshalber mein Geburtsdatum in ein Computerprogramm eingab, das den Biorhythmus aufzeigt. Ganz sachlich erschien da plötzlich auf dem Bildschirm mein Alter. Aber nicht in Form einer Jahreszahl – die war mir ja bestens vertraut -, sondern als Anzahl der bis zu jenem Tag gelebte Tage. Und damit konnte ich mir natürlich auch ausrechnen, wieviel Tage zu jenem Zeitpunkt noch ungefähr vor mir lagen – bei optimaler Lebenserwartung!

Es ist wirklich ein ganz anderes Gefühl, diesen Zeitraum als Anzahl von Tagen vor sich zu sehen anstelle einer Zahl von Jahren. An Ihrem 30. Geburtstag haben Sie zum Beispiel rund 11000 Tage gelebt. Rund 18 000 Tage liegen dann noch vor Ihnen, falls Sie etwa 80 Jahre alt werden.

Aber auch wenn jemand sogar den 100. Geburtstag erlebt, verlängert das kaum den Zeitraum zur Realisierung der wichtigsten Lebenswünsche. Die will man sich ja nicht erst erfüllen, wenn man sechzig oder achtzig Jahre alt geworden ist, sondern lange davor. Wieviel »Tage« bleiben Ihnen also dazu?

Wenn Sie sich diese Zahlen einmal deutlich bewußt machen, werden Sie erkennen, daß es eigentlich schade wäre, auch nur einen Tag davon zu verschenken! Wenn Sie Ihr Leben konstruktiv gestalten wollen, sollten Sie jetzt gleich damit anfangen! Akzeptieren Sie, was unveränderbar ist, und verändern Sie an sich und Ihrem Leben, was Sie verändern wollen und verändern können! Was möchten Sie – auch wenn Sie sich mögen, wie Sie sind – dennoch gern verändern? Was möchten Sie noch erreichen?

Schreiben Sie sich Ihre Ziele auf

Der erste Schritt, um Ihr Leben nach Ihren Vorstellungen zu gestalten, ist es, daß Sie sich Ihre Ziele einmal genauer ansehen. Setzen Sie sich in einer ruhigen Stunde einmal hin und schreiben Sie alles auf, was Sie gern noch verwirklichen möchten.

Geht es Ihnen hauptsächlich darum, bestimmte Schwächen – Rauchen, falsche Eßgewohnheiten – abzulegen? Möchten Sie gelassener und großzügiger werden? Wünschen Sie sich, daß Sie endlich den richtigen Partner finden? Wollen Sie sich von jemandem trennen, finden aber noch nicht die Kraft dazu? Haben Sie bestimmte berufliche Wünsche, die Sie bisher noch nicht in die Tat umsetzen konnten? Möchten Sie die Stelle wechseln, weil das Betriebsklima in Ihrer jetzigen Firma so schlecht ist? Möchten Sie in größerem Wohlstand leben?

Schreiben Sie wirklich alles auf, was Sie sich wünschen – auch wenn manches davon für andere etwas verrückt klingen mag. Denken Sie daran: Es geht nicht darum, was *andere Menschen* Ihnen zutrauen oder nicht, es geht allein darum, was *Sie* sich zutrauen. Und Sie dürfen sich weitaus mehr zutrauen, als Sie das bisher getan haben. Dank psychologischer und naturwissenschaftlicher Erkenntnisse, die in den vergangenen Jahrzehnten über den Menschen und seine geistigen Fähigkeiten gewonnen wurden, steht Ihnen dazu heute eine Fülle von Techniken zur

Verfügung, mit deren Hilfe Sie Ihr Potential besser ausschöpfen können.

Spitzensportler machen sich dieses Wissen schon seit geraumer Weile zunutze. Zur Vorbereitung auf Wettkämpfe begnügen sie sich längst nicht mehr damit, täglich intensiv zu trainieren. Zur Vorbereitung gehört ebenso die mentale Einstimmung, das psychologische Training. Tennisas Boris Becker drückt es so aus: »Ein Match wird zu 90 Prozent im Kopf entschieden.«

Auch Ihre künftigen Erfahrungen werden zu 90 Prozent im Kopf vorprogrammiert.

Von diesen mentalen Techniken wird später noch ausführlich die Rede sein. Jetzt geht es zunächst darum, daß Sie Ihre Wünsche und Ziele kennenlernen. Beachten Sie dabei folgende Grundregeln: Formulieren Sie Ihre Ziele genau. Wenn Sie sich nur sagen: Ich möchte mehr verdienen, ich möchte besser leben, ich möchte glücklicher sein! führt Sie das kaum weiter. Sie müssen schon wissen: Auf welchem Weg könnten Sie mehr verdienen? Was verstehen Sie unter »besser leben«? Was verstehen Sie unter Glück?

Ihre Wünsche und Ziele dürfen zwar kühn sein, müssen aber einen Bezug zur Realität haben. Wenn jemand keine Gesangsstimme besitzt, kann er selbst mit Fleiß und Einsatz keine Karriere als Opernsänger machen (aber daheim durchaus mit Freude singen!).

Damit Sie Ihre Wünsche und Ziele nun genauer ins Auge fassen können sind hier eine Reihe von Fragen zusammengestellt, die Sie sich beantworten sollten:

- Was ist Ihr größter persönlicher Lebenswunsch, Ihr Lebensziel?
- Was müßte geschehen, damit er verwirklicht werden kann?
- In welchem realistischen Zeitraum ließe sich das verwirklichen?
- Welche Hürden und Hindernisse sind dazu noch zu überwinden?
- Wollen Sie dieses Ziel wirklich und ernsthaft erreichen, oder macht Sie der Gedanke, daß es wahr werden könnte, fast ein wenig schwindlig und ängstlich?
- Warum haben Sie sich den Wunsch bisher nicht erfüllt? Weil

Mentales Willenstraining hilft

Sie es sich nicht zugetraut haben? Weil Ihre Lebensumstände –
Familie, Geldmangel, Zeitmangel? – es nicht ermöglichten? Oder
weil Sie der Erfüllung bisher unbewußt Widerstand entgegenge-
setzt haben?

- Können Sie sich diesen Widerstand jetzt bewußt machen?
- Woran müßten Sie noch arbeiten, um diesen Widerstand auf-
geben zu können?
- Ab wann wollen Sie damit beginnen?

In ähnlicher Weise können Sie nun noch weitere Wünsche
aufschreiben und sich die Schritte zu ihrer Verwirklichung überlegen.

Auf der Suche nach
einem Partner
Die folgenden Fragen sollten Sie sich beantworten, wenn einer
Ihrer großen Wünsche darin besteht, endlich den richtigen
Partner zu finden:

- Will ich wirklich einen Partner fürs Leben – oder möchte ich
mich eigentlich noch gar nicht so festlegen?
- Welche Rolle spielt für mich das Thema »Liebeskummer«,
»Liebesleid«? Brauche ich diese Erfahrungen noch? Oder
habe ich es satt, immer und immer wieder enttäuscht zu
werden?
- Bin ich der Ansicht, daß ich es »verdiene«, einen wirklich
liebenswerten Menschen als Partner zu haben, der mich eben-
so liebt wie ich ihn? Oder habe ich – etwa aufgrund meiner Kind-
heitserfahrungen mit meinem Vater – das Gefühl, daß ich wirk-
liche Liebe nicht »verdiene«, ihrer nicht »wert« bin? Also wie-
der die entscheidende Frage: Finde ich mich selber liebenswert?
- Welche Eigenschaften sollte mein Wunschpartner haben?
- Auf welche charakterlichen Eigenschaften lege ich großen
Wert?
- Welche Interessen (Sport? Kultur? Reisen?) erwarte ich?
- Welche Bildungsstufe erwarte ich?
- Welche materiellen Voraussetzungen erwarte ich?
- Was kann ich – geistig, ideell, materiell – positiv in eine
Beziehung einbringen?
- Wann würde ich diesem Partner am liebsten begegnen?
Am liebsten gleich – oder doch lieber erst in zwei, drei Jah-
ren (wenn ich meine Ausbildung beendet habe; wenn ich den
Auslandsaufenthalt verwirklicht habe, von dem ich seit langem

träume; wenn ich meine Niedergeschlagenheit überwunden habe und mich richtig gut fühle)? Wann also genau? Natürlich können Sie sich den Wunschpartner nicht zu einem bestimmten Tag herbeizaubern. Die Frage nach dem günstigsten Zeitpunkt ist jedoch wichtig, um zu erkennen, ob Sie derzeit überhaupt bereit für eine Partnerschaft sind. Oder ob Sie nicht zwei sich widersprechende, aber ähnlich intensive Wünsche in sich tragen: Ich möchte zwei Jahre in Paris leben. Und: Ich möchte nicht mehr allein sein. Es wird sich dann der Wunsch durchsetzen, der intensiver ist. Und falls das die Zeit in Paris ist – dann werden Sie an jedem möglichen Partner, der Ihnen derzeit begegnet, etwas auszusetzen haben.

Falls Ihnen aber das Nicht-mehr-Alleinsein wichtiger ist – dann gehen Sie an neue Bekanntschaften offener heran.

Falls Ihnen aber beide Wünsche gleich wichtig sind – dann wundern Sie sich bitte nicht, wenn Ihnen in der nächsten Zeit ein sympathischer Mann über den Weg laufen sollte, der demnächst eine Stelle in Paris antritt. E r   i s t   e s !

Wenn Sie beruflich unzufrieden sind, beantworten Sie sich bitte folgende Fragen:

- Was ist es, das mich so unzufrieden macht? Ist es das Betriebsklima? Sind es fehlende Aufstiegsmöglichkeiten? Ist es der schlechte Verdienst? Ist es die mangelnde Anerkennung meines Könnens? Welche anderen Ursachen?
- Was müßte sich ändern, damit sich das Betriebsklima in meiner Firma ändert? Läßt sich das ändern – oder hilft nur eine Kündigung?
- Will ich überhaupt in meinem Beruf bleiben?
- Will ich eigentlich etwas ganz anderes anfangen?
- Würde ich mich am liebsten selbständig machen?
- Arbeite ich lieber allein oder im Team, selbständig oder nach Anweisung?
- In welcher Sparte würde ich mich gern selbständig machen?
- Welche meiner Stärken sind für meine Pläne hilfreich?
- Welche meiner Schwächen könnten meinen Plänen in die Quere kommen?
- Hängt die Erfüllung meiner Berufswünsche von Geld – etwa Startkapital – ab?

- Kann ich es mir leisten, Risiken einzugehen?
- Wie risikofreudig bin ich grundsätzlich?
- Wo kann ich mich über meine Ziele besser informieren (Arbeitsamt, Industrie- und Handelskammer, Handwerksinnungen, Verbände)?
- Wo könnte ich mit Menschen in Kontakt kommen, die mir bei der Verwirklichung meines Ziels behilflich sein könnten?
- Welche Zusatzqualifikationen muß ich mir noch aneignen, welche Kurse sollte ich belegen, welche Fortbildung brauche ich?
- Bin ich bereit, zusätzliche Arbeit und Unbequemlichkeiten auf mich zu nehmen, um mein Ziel zu erreichen? Wenn ja: Wann will ich mit dem ersten Schritt beginnen?

Bedürfnisse klar ausloten

Sie sehen, es geht bei all diesen Wünschen zunächst darum, seine Bedürfnisse auszuloten, sie klar vor sich zu sehen. So bleiben sie nicht länger eine vage Vorstellung, sondern nehmen in Ihrem Geist deutliche Konturen an. Jetzt können Sie sich auch fragen: Wie erreiche ich das, was ich will? Und wenn Sie das wissen, können Sie ernsthaft darauf hinarbeiten.

Das beginnt damit, daß Sie sich einen genauen Plan machen. Zerlegen Sie Ihr Ziel in mehrere Einzelziele und überlegen Sie, welche eigenen Aktivitäten Sie jeweils diesen Einzelzielen entgegenbringen, und wieviel Zeit Sie in etwa für jede Etappe benötigen.

Das betrifft sowohl Ihr großes »Lebenswunschziel« als auch Ihre Partnersuche oder Ihren Wunsch nach beruflicher Veränderung. Man kann es nicht oft genug wiederholen: Sich Wünsche so konkret wie möglich vorzustellen, ist bereits ein erster Schritt zu ihrer Verwirklichung.

Was den Partner angeht: Stellen Sie sich dabei nicht einen ganz bestimmten Menschen vor. Sie verbauen sich damit die Chance, genau den Mann kennenzulernen, der für Sie der richtige ist. Sollte dieser eine, den Sie im Kopf haben, tatsächlich der richtige sein – dann vertrauen Sie darauf, daß er trotz dieser allgemeineren Vorstellung auf Sie zukommen wird! Falls dieser Mann jedoch noch mit einer anderen Frau verheiratet ist, dann sollten Sie ihn sich möglichst ganz aus dem Kopf schlagen!

Daß Sie sich in diesen Mann verliebten, ist etwas, in das Sie aufgrund bestimmter Umstände hineingeraten sind. Jetzt, wo Sie dabei sind, Ordnung in Ihr Leben zu bringen und die Verantwortung für sich zu übernehmen, sollten Sie auch Ordnung in diese Geschichte bringen. Sie paßt nicht mehr zu Ihnen. Die Umstände der Beziehung zu einem verheirateten Mann – ständiges Warten, Heimlichkeiten und Versteckspiel, »Zweitfrau« sein, immer im Hintergrund bleiben müssen usw. – lassen sich mit Selbstbewußtsein und Selbstwertgefühl nicht vereinbaren.

Genauso wenig paßt es im übrigen natürlich auch zu Selbstachtung und Selbstwertgefühl einer Ehefrau, sich ständigen Betrug gefallen zu lassen! Wenn dieser Sachverhalt – betrogen werden – auf Sie zutrifft, sollten Sie sich ebenfalls überlegen, welche Konsequenzen daraus zu ziehen sind. *Welche Möglichkeiten stehen Ihnen offen, Ihre Lage grundlegend zu verbessern? Hat Ihre Ehe noch eine Chance? Läßt sich Ihre Beziehung von neuem beleben? Oder ist Scheidung die einzige Lösung, die noch in Frage kommt?*

Vielleicht geht es Ihnen im Moment aber in erster Linie um Veränderungen an sich selbst, bevor Sie andere Ziele ins Auge fassen. Beantworten Sie sich dazu die folgenden Fragen:

- Will ich körperlich mehr für mich tun?
- Welche Eigenschaften würde ich gern an mir ausbauen? Durchsetzungsfähigkeit? Selbstsicherheit? Großzügigkeit? Sparsamkeit? Ordnungsliebe? Ehrlichkeit? Geduld? Ausdauer und Durchhaltevermögen? Optimismus? Ausgeglichenheit? Souveränität? Selbstbeherrschung? Selbstdisziplin? Entscheidungsfreudigkeit? (Ergänzen Sie diese Aufzählung nach Ihren Vorstellungen.)
- Was möchte ich in meiner Ehe/ Partnerschaft verbessern? Was kann ich dazu beitragen, was erwarte ich von meinem Partner?
- Wie sieht meine Beziehung zu meinem Kind/meinen Kindern aus? Was müßte verbessert werden, was kann ich dazu beitragen, was erwarte ich von meinem Kind? Will ich mir mehr Zeit für mein Kind nehmen?
- Wie sieht es mit der zeitlichen Organisation meines Tagesablaufs/Lebens aus? Habe ich abends oft das Gefühl, zu nichts gekommen oder völlig ausgelaugt und kaputt zu sein? Will ich so weitermachen?

- Was kann ich ändern, um zufriedener über den Verlauf der Tage zu sein?
- Will ich mehr für mich selbst tun – und was? Mehr lesen? Mehr Sport treiben? Mehr in der Natur sein? Mehr an kulturellen Veranstaltungen teilnehmen? Öfter Freunde treffen?
- Was kann ich tun, um das zu verwirklichen?
- Will ich aufhören zu rauchen? Ab wann?
- Will ich abnehmen? Wieviel? Ab wann?

Natürlich ist es unmöglich, sich nun all diese Dinge auf einmal vorzunehmen und praktisch sein ganzes Leben in allen Bereichen umzukrempeln. Machen Sie sich eine Liste, in der Sie die Reihenfolge Ihrer Veränderungswünsche eintragen. Fangen Sie dabei aber nicht gerade mit der schwierigsten Aufgabe an. Gerade aus kleinen Anfangserfolgen können Sie so viel Schwung bekommen, daß die größeren Vorsätze später gar nicht mehr so schwierig erscheinen.

Ziele stellen und schrittweise verwirklichen

Zerlegen Sie Ihre großen Ziele dann jeweils in kleine Einzelziele und erstellen Sie sich Zeitpläne dafür, wann Sie mit der Veränderung beginnen wollen. Wie soll der erste Schritt aussehen? In welcher realistischen Zeit kann das erste Einzelziel erreicht werden? Wann das zweite, das dritte...?

Setzen Sie sich Belohnungen aus, wenn Sie eine bestimmte Etappe erreicht haben, und schreiben Sie in tagebuchartigen Notizen nieder, was Sie bei Ihren einzelnen Vorhaben erleben.

Seien Sie aber nicht ärgerlich über sich selbst, wenn manches Ihrer Vorhaben nicht klappt und Sie das eine oder andere unerledigt lassen müssen.

Es gibt viele Leute, die kaum Ziele haben und weitgehend planlos in den Tag hineinleben. Dadurch kommen sie natürlich auch nicht weit. Am Wochen- oder Monatsende sind sie dann unzufrieden mit sich selbst, weil sie schon wieder nur so wenig geschafft haben. Wer sich dagegen Ziele setzt und eine Liste für Vorhaben anfertigt, erledigt immerhin einen Teil davon.

Gestalten Sie Ihren Tag

Sein Leben in die Hand zu nehmen und zu gestalten, dazu gehört es nicht nur, sich über seine Ziele klarzuwerden. Es verpflichtet auch zu einem sorgsameren Umgang mit der Zeit und damit zu einer aktiven Gestaltung des Tagesablaufs.

Wir alle sind stark von bestimmten Angewohnheiten gefangen, die uns Zeit und Nerven (und nicht zuletzt Geld) kosten, ohne daß wir wirklich etwas davon haben.

Wie beginnen Sie Ihren Tag? Mit Meditation und Schweigen? In Hetze? Mit Ängsten? Mit einer Musik, die Sie sich ausgesucht haben und die Ihrer Psyche guttut? Mit hämmernder Musik, die Sie gar nicht mögen, die Sie aufpeitscht und die von albernen Moderatorensprüchen und Werbebotschaften unterbrochen wird?

Und der Tag selbst, wie läuft er ab? Wie stark nehmen Sie ihn wahr? Gibt es längere Zeitspannen, in denen Ihnen gar nicht bewußt ist, was Sie gerade tun, weil Sie mit Ihren Gedanken ganz woanders sind?

Und abends: Schalten Sie den Fernsehapparat oft nur aus Gewohnheit ein, ohne zu wissen, was kommt? Welchen Gewinn ziehen Sie aus den Sendungen, die Sie sehen? Welchen Gewinn haben Sie beim Durchblättern von Zeitschriften? Fühlen Sie sich gut, wenn Sie nach solchen Tagen ins Bett gehen, oder haben Sie manchmal das Gefühl, Zeit vergeudet zu haben?

Natürlich ist überhaupt nichts dagegen einzuwenden, wenn Sie sich bei einem Fernsehkrimi entspannen wollen, bebilderten Klatschgeschichten zerstreuen wollen. Die Frage ist nur: In welchem Verhältnis steht die Zeit, die Sie für solche Dinge aufwenden, zu Ihrer übrigen Freizeit? Wieviel Zeit bleibt Ihnen für Sport und Bewegung? Für Ihre Familie? Für Weiterbildung? Für Bücher? Für Gespräche mit Freunden?

Durchforsten Sie einmal Ihren Alltag nach all den Zeit-, Nerven- und Gelddieben, die sich im Lauf der Zeit in Ihr Leben eingeschlichen haben. Fangen Sie an damit, stumpfe Gewohnheiten in bewußte Freuden zu verwandeln. »Gestalten« Sie mit Ihrer Familie Ihre Tage und lassen Sie sie weniger von außen gestalten! Und wenn zur Gestaltung eine bestimmte Fernsehsendung gehört, die Sie sich allein oder gemeinsam anschauen wollen, ist es völlig in Ordnung. Denn es handelt sich dann um eine bewußte Auswahl und Entscheidung von Ihnen.

Sie werden sehen, wie sehr es das Selbstbewußtsein stärkt, wenn man sich zunehmend als Gestalter seiner Tage und seiner

Zeit erfährt, anstatt sie einfach »abzuleben«. Diese neue Art zu handeln hat Auswirkungen auf alle weiteren Tage, da jeder neue Tag von dem beeinflußt ist, was Sie an den Vortagen gedacht, getan, erlebt und wie Sie sie gestaltet haben. Alles ist miteinander vernetzt, und wenn Sie mehr Qualität in Ihr Leben hineinbringen möchten, dann fangen Sie damit an, mehr Qualität in jeden einzelnen Tag hineinzubringen.

Von Ursache und Wirkung

Es wird häufig vergessen, daß es für alles, was geschieht, eine Ursache gibt. Was Sie heute erleben, ereignet sich nicht »aus heiterem Himmel«, rein zufällig, sondern Sie selbst haben – vielleicht gestern, vielleicht vor zehn Jahren – die Ursache dafür gesetzt. Das betrifft sowohl Ihre körperliche Verfassung als auch Ihre Lebensumstände. Es leuchtet doch ein: Wenn Sie Ihren Körper lange vernachlässigen, wird sich das eines Tages rächen. Und wenn Sie regelmäßig etwas für Ihren Körper tun, sind Sie auch in vielen Jahren noch in guter Verfassung.

Ähnlich verhält es sich in anderen Bereichen. Ihr Verhalten Ihren Kindern gegenüber, Ihr Verhalten gegenüber den Mitmenschen, im Kollegenkreis wird nicht nur heute Reaktionen auslösen, sondern auch später Folgen haben – gute oder schlechte. Alle Verbesserungen, die Sie erleben, sind in erster Linie auf Ihre ernsthaften Bemühungen zurückzuführen, nicht auf »Wunder« oder »Launen des Schicksals«; das Morgen und Übermorgen ist das Ergebnis Ihres heutigen Tuns.

Viele Menschen machen sich diese Zusammenhänge nicht klar. Sie leben in der unbewußten Überzeugung, daß ihr Verhalten »folgenlos« bleibt, daß Taten und Worte »unter den Tisch fallen« können. Später wundern sie sich, wenn ihr Leben sich mit unerfreulichen Ereignissen anfüllt.

Sie können dafür sorgen, daß Ihr Leben sich mit beglückenden Erlebnissen füllt, jetzt und später. Setzen Sie heute positive Ursachen, indem Sie Ihre Mitmenschen freundlich behandeln, klar und unverstellt leben, niemandem absichtlich Schaden zufügen. Je mehr Positives Sie aussäen, desto positiver werden Ihre künftigen Erlebnisse sein.

DIE BEDEUTUNG DES UNTERBEWUSSTSEINS

Das größte Hilfsmittel, um Ihre Lebensqualität zu verbessern und innere und äußere Barrieren zu überwinden, ist die bewußte Beeinflussung des Unterbewußtseins. Stellen Sie sich das Unterbewußtsein wie einen inneren Computer mit riesiger Speicherkapazität vor.

Seine wichtigste Funktion ist die Bewahrung und Erhaltung Ihres Lebens. Es steuert das vegetative Nervensystem, mit dem sämtliche Körperfunktionen aufrecht erhalten werden, die vom Willen unabhängig sind. Atmung, Herzschlag, die Arbeit der Leber, Verdauung – alles wird vom Unterbewußtsein geregelt. Unser ganzes Leben lang reguliert der Körper ohne unser bewußtes Zutun alle Vorgänge, die unser Überleben sichern. Unser Wachstum, die Funktionen unseres Immunsystems, die Aufnahme von Sauerstoff und Nahrung in unseren Blutkreislauf, die Heilung von Wunden vollziehen sich ohne jegliche geistige Unterstützung durch uns.

Lebenswichtige Prozesse werden unbewußt reguliert

Unterbewußtsein und Bewußtsein stehen jedoch in einer Wechselbeziehung zueinander. So können wir mit bewußten Denkprozessen unser vegetatives Nervensystem beeinflussen. Zu den Eigenheiten des Unterbewußtseins gehört es zudem, daß es nicht in der Lage ist, zwischen geistigen Bildern und der Realität zu unterscheiden. Aus diesem Grund reagiert unser Organismus bei reinen Einbildungen so, als wären sie Wirklichkeit.

Wenn Sie sich jetzt zum Beispiel vorstellen, daß eine Zitronenscheibe auf Ihrer Zunge liegt, wird sich sofort verstärkt Speichel in Ihrem Mund bilden. Oder denken Sie an Rhabarberkompott – läuft Ihnen jetzt nicht noch einmal das Wasser im Mund zusammen?

Auf der anderen Seite sind wir in unseren Handlungen ständig durch unser Unterbewußtsein beeinflußt. Unsere gesamten Lebenserfahrungen werden im Unterbewußtsein gespeichert. Was wir tagein, tagaus erleben, gelangt über unsere Sinnesorgane in unseren Verstand. Dort werden die unzähligen Reize aufgenommen und bewertet: Ist die Angelegenheit wichtig oder nicht?

Wenn das, was wir erleben, gleichzeitig mit einem Gefühl

verbunden ist, dringt die Erfahrung ins Unterbewußtsein ein und wird gespeichert. Dort speichert sich im Lauf der Zeit alles, was wir an Eindrücken sammeln und ist unlöschbar darin verankert.

Wirken später nun ähnliche Reize mit ähnlichen Gefühlen auf uns ein, holt das Unterbewußtsein die entsprechende frühere Erfahrung an die Oberfläche, wägt in Windeseile ab, was geschehen soll, und läßt uns entsprechend handeln. Unsere Handlungen werden also wesentlich von früheren Erfahrungen, die mit Gefühlen verbunden waren, bestimmt.

Je stärker dabei das Gefühl – Angst, Ekel, Freude Lust – war, desto intensiver ist die Aufzeichnung. Und noch zwei weitere Erkenntnisse über die Funktion des Unterbewußtseins sind in diesem Zusammenhang wichtig:

- Das Unterbewußtsein speichert nicht Sätze und Gedanken, sondern nur Bilder. Alle mit Gefühlen verbundenen Reize werden in Bilder umgesetzt.
- Das Unterbewußtsein arbeitet nicht mit Mitteln der Logik.

Deshalb macht es keinen Unterschied zwischen realer Erfahrung und plastischer Vorstellung. Wie Sie am Beispiel der Zitronenscheibe gesehen haben, läßt sich Ihr Unterbewußtsein auch allein mit Vorstellungen aktivieren.

Der Einfluß von Suggestionen

Diese Tatsachen können Sie sich nun zunutze machen, indem Sie Ihren inneren Computer »umprogrammieren« und negative Einschärfungen »löschen«. Wie bereits zu Beginn gesagt, werden wir von Kindesbeinen an mit negativen Suggestionen überschüttet, die zudem oft mit außerordentlich starken Gefühlen verbunden sind: Beschämung durch eine Ohrfeige, Verzweiflung durch Liebesentzug (»Jetzt habe ich dich nicht mehr lieb!«), Angst, hilflose Ohnmacht.

Seelische Wunden erkennen

Je größer der seelische Schaden ist, der so in der Vergangenheit verursacht wurde, desto schwieriger ist die Verarbeitung als Erwachsener. Manche seelischen Verwundungen aus der Kindheit lassen sich ohne therapeutische Hilfe kaum bewältigen.

Glücklicherweise sind solche schlimmen Erfahrungen nicht die

Regel. Gewöhnlich sind es nur die »normalen« negativen Zurechtweisungen, die wir als Kinder hinnehmen mußten: »Du kannst das nicht, du schaffst das nicht, warum machst du es nicht besser?«

Damals konnten Sie sich nicht dagegen wehren. Die negativen Suggestionen senkten sich in Ihr Unterbewußtsein und wirkten in vergleichbaren späteren Situationen immer wieder auf Sie ein: »Das kann ich nicht! Das schaffe ich nicht! Ich mache nichts gut genug!« Sie lösten ganze Ketten von weiteren negativen Gedanken aus.

Heute haben Sie jedoch die Möglichkeit, sich von dieser Last zu befreien und die negativen Suggestionen durch positive zu ersetzen. Sie können in Ihrer Vorstellung ein ganz neues Bild von sich erschaffen, es in Ihrem Unterbewußtsein speichern und von dort aus wiederum auf Ihr reales Leben wirken lassen: durch Autosuggestion.

Das ist praktisch eine Art Selbsthypnose, eine andauernde Selbstbeeinflussung. Einer der ersten, der dieses Verfahren bewußt psychotherapeutisch einsetzte, war der französische Apotheker Emile Coué. Er nannte es »Selbstbemeisterung durch Autosuggestion«. Berühmt wurde seine Formel: »Es geht mir jeden Tag in jeder Hinsicht immer besser und besser.«

Täglich ausgesprochen, führt sie tatsächlich dazu, daß es dem Betreffenden besser und besser geht.

Autosuggestion stärkt die eigene Kraft

Wie aus den negativen Suggestionen ganze Ketten von weiteren negativen Feststellungen und Kommentaren entstanden, so können sich aus den positiven Suggestionen weitere positive Gedanken und Kommentierungen der eigenen Handlungen entwickeln. Sie wirken dann auf ganz normale Weise positiv – wie ermunternde Zusprüche von außen.

Kritiker der Selbstbeeinflussung sind der Ansicht, daß mit dieser »Selbstmanipulation«, wie sie es nennen, die Auseinandersetzung mit der »rauhen Wirklichkeit« ausgeblendet werden soll und man sich bloß zum Zweck des reibungs- und kritiklosen »Funktionierens« positiv programmiert.

Doch genau das Gegenteil ist der Fall.

Die negativen Einschärfungen aus der Kindheit haben ebenfalls wie eine Selbsthypnose gewirkt, nur in negativer Form, so daß wir uns schwächer, hilfloser, sorgenvoller, ängstlicher fühlten, als wir es eigentlich müßten. Wenn Sie eine Behauptung, ob negativ oder positiv, in bewußter Absicht ständig wiederholen, versetzen Sie Ihr Unterbewußtsein in einen Zustand, in dem es alle gemachten Feststellungen als wahr hinnimmt. Durch die positiven Suggestionen kann jeder sich wieder so stärken, daß er in Zukunft konkrete Probleme zuversichtlich und selbstbewußt anpackt und gerade dadurch wesentlich besser mit der »rauhen Wirklichkeit« zurechtkommt.

Mit dieser Beeinflussung können Sie sich also aufbauenden Zuspruch geben und Negatives löschen, Sie können die Suggestionen aber zugleich dazu verwenden, ganze Lebensbereiche zu verändern. Denn die Macht des Unterbewußtseins ist so groß, daß Sie alles verwirklichen können, das Sie anstreben. Was immer Sie sich so intensiv vorstellen, daß Sie daran glauben, wird zur Realität werden.

Wenn Ihre Wünsche und die Bilder Ihrer Phantasie hingegen im Widerspruch zueinander stehen, dann hemmen die Zweifel die Durchsetzung des Wunsches. Andererseits sind geistige Gewaltanstrengungen ebenfalls ein Hemmnis. Auch sie führen genau zum Gegenteil dessen, was sie herbeiführen wollten.

Hinter dem geistigen Kraftaufwand steckt nämlich die heimliche Befürchtung, daß doch nichts aus diesen Plänen werden wird. Je »selbstverständlicher« die Vorstellung wird, daß das angestrebte Ziel sich verwirklicht, je geringer der geistige Energieaufwand dabei ist, desto größer sind die Aussichten auf Erfolg.

Auch wenn Sie nicht so recht daran glauben: Machen Sie einfach den Versuch. Schaden kann es ja nicht. Sie dürfen nur nicht verkrampft darauf warten, daß gleich Wunder geschehen. Es ist wirklich einfach: Wenn Sie zuversichtlich sind, daß eine positive Vorstellung oder ein Lebenswunsch zur Realität werden, wendet sich Ihre Aufmerksamkeit immer stärker von den Hindernissen ab. Ihre Ängste verfliegen. Hindernisse und Ängste verlieren dadurch tatsächlich ihren hemmenden Einfluß: Ihre Wunschvorstellung setzt sich durch.

Wenn Sie dagegen verkrampft auf Wunder warten, setzen bald wieder die negativen Gedanken ein. Na bitte – das klappt ja wieder mal nicht!

Wie hilft positives Denken?

Die positive Selbstbeeinflussung über das Unterbewußtsein wird auch positives Denken genannt. Positives Denken bedeutet nicht, wie viele meinen, daß man alles positiv verklärt, sondern es bedeutet, daß man Negatives gezielt überwindet. Positives Denken ist aufbauendes Denken, negatives Denken wirkt destruktiv und schwächend. Die stärkste Form des positiven Denkens ist die Affirmation. Damit ist die überzeugte Feststellung gemeint, daß sich etwas, das Sie sich wünschen, bereits wirklich ereignet hat.

Positives Denken bedeutet andererseits auch nicht, daß man sich Dinge einfach nur wünscht und sie sich dann von selbst verwirklichen. Angenommen, Sie würden sich wünschen, »reich« zu werden, dann würde das natürlich nicht passieren, indem Sie sich einfach hinsetzen, die Augen schließen und sich wunderbare Möglichkeiten des Reichtums vorstellen. Sie müßten sich schon mit der Frage beschäftigen, auf welchem Weg Sie reich werden und was Sie dafür tun könnten. Das positive Denken bestünde dann unter anderem darin, daß Sie zuversichtlicher als sonst an Ihre Pläne und Projekte herangingen und vom Erfolg ganz fest überzeugt wären.

Zuversichtlich und vom Erfolg überzeugt arbeiten

Ihre Gedanken würden nicht mehr ständig von solchen Befürchtungen durchkreuzt wie: »Ich gerate sicher wieder an einen Punkt, an dem ich nicht weiß, wie es weitergeht. – Wer sollte schon ausgerechnet auf meine Ideen warten? – Und was ist, wenn die Sache doch nicht klappt? Dann war die ganze Mühe wieder einmal umsonst!«

Statt dessen würden Sie sich – zunächst bewußt und willentlich, später ganz automatisch etwa folgendes sagen: »Ich bin sicher, daß ich es schaffe. Ich habe mir alle Einzelheiten gründlich überlegt, ich habe gute Vorarbeit geleistet, ich freue mich darauf, diese neue Aufgabe in Angriff zu nehmen. Ich werde sie zu einem guten Ende bringen, ich gratuliere mir schon jetzt zu meinem Erfolg!«

Welche Suggestionen und Affirmationen Sie nun tatsächlich für sich ausdenken, richtet sich danach, was Sie am dringendsten verändern wollen.

Wenn Sie hauptsächlich an Ihrer Persönlichkeit arbeiten wollen, finden Sie unter den folgenden Vorschlägen vielleicht einen passenden Satz. Sie können sich aber auch eigene Formulierungen ausdenken. Wichtig ist nur, daß Sie dabei diese Grundregeln beachten:

- *Formulieren Sie Ihre Sätze stets in positiver Form.* Sagen Sie also nicht: »Ich fühle mich nicht mehr minderwertig«, sondern: »Ich bin selbstbewußt und stark!« Negative Formulierungen können vom Unterbewußtsein nicht als negativ erfaßt werden; es würde sie als bejaht aufnehmen, und damit wäre genau das Gegenteil des erwünschten Effekts erreicht. Auch eine Verneinung ist für das Unterbewußtsein eine Feststellung, die es als wahr auffaßt und zu verwirklichen trachtet.

- *Formulieren Sie in der Gegenwartsform.* Sagen Sie also nicht: »Ich werde bald gesund sein!«, sondern: »Ich bin vollkommen gesund!«

Hier nun einige Vorschläge:

* Ich finde mich gut.
* Ich weiß, daß ich es schaffe.
* Ich liebe das Leben, und das Leben liebt mich.
* Ich kann, was ich will.
* In mir ist Frieden und Heiterkeit.
* Was ich beginne, führe ich erfolgreich zu Ende.
* Ich gestalte mein Leben mit Freude.
* Jeder Tag ist ein Geschenk.
* Ich wage und gewinne.
* Ich schöpfe Freude aus meinem Tun.
* Ich kann lieben, und ich werde geliebt.

Solche Aussagen können Sie auch für andere Lebensbereiche erfinden. Für den Beruf zum Beispiel:

* Ich bin erfolgreich, ich habe Erfolg.
* Ich finde die Arbeit, die genau zu mir paßt.
* Ich bin kreativ und voller Ideen.
* Ich verdiene es, gut zu verdienen.
* Ich helfe mir und anderen.

Es gibt auch gute Suggestionskassetten zu kaufen. Suchen Sie sich darunter die Themen aus, die Sie interessieren, und hören Sie sich die Kassette regelmäßig – morgens, abends vor dem

Einschlafen oder wann immer Sie Zeit haben – an. Ihr Buchhändler kann Sie sich beraten, welche Kassetten empfehlenswert sind.

Sie können sich aber auch selbst solche Kassetten anfertigen und die Suggestionen darauf sprechen, die Sie sich ausdenken und die Ihre ganz persönlichen Ängste, Selbstzweifel, Sorgen und Unruhen betreffen.

Der Weg zur Entspannung

Am besten wirken Suggestionen in tief entspanntem Zustand, dem sogenannten *Alpha-Zustand* des Gehirns. Wie Sie wissen, erzeugen die Nervenzellen im Gehirn bei ihrer Arbeit schwache elektrische Impulse, die sich mit Hilfe eines Elektroenzephalographen messen und im Elektroenzephalogramm (EEG) aufzeichnen lassen. Je nach ihrer charakteristischen Form – und also den Gehirnaktivitäten des jeweiligen Menschen – spricht man von Betawellen, Alphawellen, Thetawellen und Deltawellen.

Der *Beta-Zustand* ist unser aktiver Wachzustand, in dem wir bewußt denken. Bei völliger körperlicher Entspannung produziert unser Gehirn hingegen Alpha-Wellen. Dieser Alpha-Zustand tritt jeden Abend von selbst vor dem Einschlafen ein, wenn wir allmählich vom Wachsein in den Schlaf hinübergleiten. Der Körper nimmt Außenreize zwar noch schwach wahr, doch die Blockierung durch unser kritisch-logisches Denken und die damit verbundenen Ängste ist aufgehoben – eine gute Voraussetzung, unser Unterbewußtsein zu erreichen und es positiv zu beeinflussen. Der Alpha-Zustand ist die schöpferische Aktivität unseres Gehirn, in dem wir die Tore zu unseren geistigen Reserven öffnen können.

Das läßt sich auch willentlich erreichen: Durch Entspannungsübungen können Sie die Frequenz Ihrer Hirnströme senken und auf diese Weise den Alpha-Zustand des Gehirns erzeugen. Und das ist notwendig, um mögliche Widerstände auszuschalten. Wie bereits erwähnt, neigen wir dazu, uns bei Wunschvorstellungen gleichzeitig alle erdenklichen Schwierigkeiten und Hindernisse vorzustellen: Wird das auch klappen? Kann ich mir das zutrauen? Kann nicht das und das passieren?

Entspannungsübungen helfen

Solche Konflikte zwischen Ihren Wünschen und Ihren Besorgnissen lassen sich im Alpha-Zustand des Gehirns vermeiden. Dabei sind alle bewußten Bemühungen weitgehend ausgeschaltet. Wie auch im Schlaf selbst ist das Bewußtsein jetzt am wenigsten tätig. Deshalb sind auch gerade die Augenblicke unmittelbar vor dem Einschlafen und nach dem Aufwachen hervorragend geeignet, zum eigenen Unterbewußtsein zu gelangen und prägende Wunschvorstellungen darin zu speichern. Alle negativen, ängstlichen, besorgten, hinderlichen Gedanken sind jetzt im wahrsten Sinn des Wortes »ausgeschaltet«. Ohne solche kritischen oder zweifelnden Einwände können Sie es sich nunmehr erlauben, die positiven Bilder auf Ihren inneren Bildschirm zu projizieren. Stellen Sie sich die Situationen so lebhaft vor, als ob schon alles verwirklich sei. Versuchen Sie sogar die freudige Erregung zu spüren, die mit der Realisierung verbunden wäre.

Das ist nicht nur ein Weg, um der Verwirklichung Ihrer Wünsche ein Stück näher zu kommen. Sie können diese Methode auch als wunderbare *Einschlafhilfe* verwenden, wenn Sie Schlafprobleme haben.

Manchmal gibt es im Leben ja Zeiten, in denen man unter Schlaflosigkeit leidet, nachts um drei oder vier Uhr hochschreckt, nicht mehr einschlafen kann und dazu noch von Angstgedanken gepeinigt wird, die immer munterer machen.

Mit dem Wissen um die Beeinflussung des Unterbewußtseins können Sie solche Phasen in Zukunft positiv für sich nutzen. Anstatt im Morgengrauen Ihre Sorgen und Probleme an sich vorüberziehen zu lassen, versetzen Sie sich zunächst in eine ruhige Stimmung mit diesen Sätzen: »Alles ist gut. In mir herrscht Frieden und Harmonie. Ich atme ruhig und gleichmäßig. Ich weiß, daß alles gut ist.«

Dann lassen Sie eins Ihrer Probleme durch Ihr Bewußtsein ziehen und stellen sich Ihre Freude über den guten Ausgang der Sache vor. Dann schlafen Sie beruhigt ein. Sie werden sehen: Ihr Unterbewußtsein wird Ihnen – entweder noch im Schlaf oder in den nächsten Tagen – eine Lösung anbieten, auf die Sie bei krampfhafter Suche gar nicht gekommen wären!

Das Vertrauen darauf, daß diese Methode wirkt, und die Erfahrungen, die Sie damit machen werden, wird Sie zunehmend mehr von Ihren Ängsten befreien.

Das autogene Training

Eine Möglichkeit, sich tagsüber in einen völligen Ruhezustand zu versetzen, ist das autogene Training. Diese psychotherapeutische Methode wurde in den zwanziger Jahren von dem Berliner Nervenarzt J. H. Schultz begründet. Durch die Übungen des autogenen Trainings wird es möglich, Einfluß auf körperliche Funktionen zu nehmen, die man normalerweise nicht willentlich beeinflussen kann: Kreislauf und Stoffwechsel verlangsamen sich, der Blutdruck sinkt, das Herz schlägt langsamer, die Atmung verändert sich und wird ruhiger. So tritt allmählich eine wohltuende Entspannung ein, bei der sich der Körper erholt wie beim Schlafen.

Den Körper beeinflussen

Die Übungen des autogenen Trainings umfassen mehrere Bereiche. Sie lernen dabei, durch bestimmte Formeln

- Ihre Muskeln gezielt anzuspannen und wieder zu entspannen, um so ein angenehmes Gefühl der Schwere in Ihren Gliedern zu erzeugen;
- willentlich Wärme im Körper hervorzurufen;
- den Atemrhythmus und Herzschlag ruhiger zu machen;
- Ihren Solarplexus (Sonnengeflecht) zu beeinflussen.

Die Formeln für die Schwereübungen lauten: »Mein rechter Arm wird schwer.« – »Mein linker Arm wird schwer.« – »Mein rechtes Bein wird schwer.« – »Mein linkes Bein wird schwer.«
Jeden einzelnen dieser Sätze sagen Sie mehrere Male zu sich. Je »fortgeschrittener« Sie sind, desto schneller werden Sie die jeweilige Wirkung fühlen.
Die Formeln für die Wärmeübungen lauten: »Mein rechter Arm wird warm.« – »Mein rechtes Bein wird warm,« usw.
Für die Atmung sagen Sie sich: »Ich atme ruhig und gleichmäßig.« Später genügen auch die Worte: »Atmung ganz ruhig.«
Den Herzschlag beeinflussen Sie mit den Worten: »Mein Herz schlägt ruhig und gleichmäßig.«
Die Formel für den Solarplexus lautet: »Mein Sonnengeflecht ist strömend warm.« Dieses Sonnengeflecht, auch Plexus solaris genannt, ist das größte Nervenknotengeflecht des vegetativen Nervensystems beim Menschen. Es befindet sich im Bauchraum oberhalb des Bauchnabels und ist mit den Nerven der Bauchorgane wie Leber, Milz, Galle und Nieren verbunden.

Durch die Sonnengeflechtübung wird Ihr Bauch so warm, als hätten Sie ein Heizkissen daraufgelegt. Das ist wohltuend für den gesamten Magen- und Darmbereich.

Für die Kopfübung sagen Sie sich: »Meine Stirn ist angenehm kühl.«

Wenn Sie noch keine Erfahrung mit dem autogenen Training haben, sollten Sie zunächst die einzelnen Stufen üben. Später machen Sie alle Übungen hintereinander. Das sieht dann etwa so aus: Setzen Sie sich an einem ruhigen Ort auf einem Stuhl bequem hin (oder legen Sie sich hin), schlagen Sie dabei die Beine nicht übereinander, legen Sie die Hände locker in den Schoß oder auf den Bauch (falls Sie liegen) und schließen Sie die Augen. Nun atmen Sie einige Male tief durch und versuchen, nacheinander alle Teile Ihres Körpers zu entspannen, indem Sie sich folgende Worte sagen:

»Ich bin ganz ruhig. Ich atme ruhig und gleichmäßig. Mein rechter Arm wird schwer. Mein linker Arm wird schwer. Mein rechtes Bein wird schwer. Mein linkes Bein wird schwer. Mein rechter Arm wird warm. Mein linker Arm wird warm. Mein rechtes Bein wird warm. Mein linkes Bein wird warm. Mein Herz schlägt ruhig und gleichmäßig. Sonnengeflecht strömend warm. Meine Stirn ist angenehm kühl.«

Entspannen Sie so allmählich Ihre gesamte Muskulatur einschließlich Kopf- und Gesichtsmuskulatur. Atmen Sie langsam und tief dabei. Nun können Sie sich Ihre persönlichen Suggestionsformeln sagen. Die Entspannung wird wieder beendet, indem Sie sich ausgiebig strecken und räkeln, tief durchatmen und dann langsam aufstehen.

Versuchen Sie aber nicht, einen entspannten Zustand zu erzwingen, denn das ist unmöglich. Wenn Sie merken, daß Ihr Körper nicht mitmachen will, Ihre Gedanken zu stark abschweifen, Ihr Herz heftig klopft, dann hören Sie auf und probieren es zu einem anderen Zeitpunkt noch einmal.

Hilfe durch Meditation

Sich durch regelmäßige Meditation täglich ein- oder zweimal ruhigzustellen und völlig zu entspannen, ist ebenfalls eine sehr hilfreiche Methode, das geistige und körperliche Ich zu stärken.

Meditation zu erlernen, ist wesentlich einfacher, als Sie vielleicht denken. Ähnliche Zustände haben Sie sicher schon einmal erlebt. Etwa dann, wenn Sie in stiller Versunkenheit einen Sonnenuntergang am Meer betrachteten oder wenn Sie von einer wunderbaren Musik ganz ergriffen waren.

Meditation ist nicht ganz das gleiche. Meditation bedeutet, daß Ihre ganze Aufmerksamkeit, Ihre Wahrnehmung, Gedanken und Gefühle auf einen Punkt konzentriert sind und sich dadurch Bewußtsein und Körpersystem beruhigen. Sie können es zu Hause üben, indem Sie sich zunächst auf ein einfaches Objekt konzentrieren: eine Rose in der Vase, eine Kerzenflamme. Setzen Sie sich dazu auf einen bequemen Stuhl mit gerader Lehne, halten Sie den Rücken aufrecht, stellen Sie beide Füße flach auf den Boden und blicken Sie auf das Objekt Ihrer Wahl.

Oder Sie meditieren mit geschlossenen Augen, indem Sie jeweils beim Ausatmen ein einfaches Wort wiederholen.

Konzentrieren Sie sich nun ganz auf Ihre Atmung, atmen Sie ruhig und gleichmäßig ein und aus.

Anfangs werden Ihnen dabei ständig störende Gedanken durch den Kopf gehen, Ihnen fallen Dinge ein, die Sie noch erledigen müssen, es juckt Sie an allen möglichen Stellen, ein Geräusch lenkt Ihre Aufmerksamkeit auf sich.

Durch Meditation zu innerer Gelassenheit

Lassen Sie die Irritationen ohne weitere Beachtung durch Ihr Bewußtsein ziehen, atmen Sie weiter ruhig ein und aus und konzentrieren sich, insgesamt etwa 15 bis 20 Minuten lang. Danach beenden Sie die Meditation auf eine Weise, die Ihnen angenehm ist und einen deutlichen Schlußpunkt setzt.

Nach zwei bis drei Wochen regelmäßiger Übung werden Sie bereits die heilsame Wirkung des Meditierens deutlich spüren.

Meditieren wirkt streßreduzierend, senkt den Blutdruck, verlangsamt Herzschlag, Atmung und Hirnströme, verbessert Ihr Immunsystem und schenkt Ihnen Gelassenheit, innere Klarheit und neue geistige Einsichten.

Die richtige Atmung

Tiefes gleichmäßiges Atmen gehört nicht nur dazu, wenn wir willentlich in den Alpha-Zustand kommen oder Meditieren wollen. Auch Yoga oder Bioenergetik, Gestalttherapie und andere

Methoden legen großen Wert darauf, daß man tiefer und voller zu atmen lernt. Durch tiefes Atmen füllt sich der ganze Körper mit Energie, können wir Kontakt zu ihm und zu unseren Gefühlen herstellen.

Gewöhnlich atmen die meisten Menschen viel zu schnell und zu flach ein und entleeren die Lungen beim Ausatmen nicht vollständig. Dadurch müssen wir umso schneller ein- und ausatmen, und die Sauerstoffversorgung bleibt ständig unzureichend. Im Idealfall atmen Sie langsam und tief ein, so daß die Lungen vollständig gefüllt sind, halten die Luft einen Augenblick fest und atmen dann wieder vollständig aus.

Versuchen Sie, solche bewußten Atemübungen von jeweils drei bis vier Minuten in Ihren Tagesablauf einzubauen. So können auch sehr hilfreich sein, wenn Sie vor einer Besprechung stehen und anderen etwas mitteilen wollen. Der so gefundene Kontakt zu Ihrem Körper und Ihren Gefühlen hilft Ihnen, sich klarer und verständlicher auszudrücken.

Die Methode des Visualisierens

Eine andere Technik der Autosuggestion, die Sie im entspannten Zustand ausüben können, ist das Visualisieren.

Darunter versteht man das Ausmalen geistiger Bilder von erstrebten Wünschen und Zielen, die Sie sich bewußt vorstellen und so oft vor Ihrem inneren Auge ablaufen lassen, daß sie ins Unterbewußtsein übergehen. Wenn sie hier verankert sind, werden Sie sich – vom Unterbewußtsein geleitet – intensiv bemühen, die entsprechenden Bilder in die Realität umzusetzen. Da das Unterbewußtsein nicht zwischen Realität und Vorstellung unterscheidet, wird es alles tun, um Sie Schritt für Schritt der Verwirklichung Ihrer Vorstellungen näher zu bringen.

Sie können Ihren inneren Kurzfilm auf jegliches Ziel richten, das Ihnen wünschenswert erscheint und einigermaßen im Bereich der realen Gegebenheiten bleibt: Sie können sich schlanker denken, sich den Erfolg eines Projekts, für das Sie verantwortlich sind, ausmalen, Ihre zukünftige berufliche Laufbahn oder ein glückliches Familienleben mit einem – Ihnen noch unbekannten – Wunschpartner.

Stellen Sie sich alles möglichst genau vor, als ob Sie selbst ein

Filmdrehbuch in Bilder umsetzen dürften: die Umgebung, in der sich das erstrebte Ereignis abspielen soll, die einzelnen angestrebten Szenen, die Sätze, die dabei gesprochen werden, das Ziel. Am erfolgreichsten ist es, wenn Sie sich Ihren Wunschfilm jeden Abend vor dem Einschlafen vorspielen.

Wenn es Ihnen schwerfällt, sich Szenen vorzustellen, üben Sie erst einmal. Erinnern Sie sich an angenehme Bilder aus Ihrem Leben, friedvolle Landschaften, Kindheitserinnerungen, Menschen, die Sie lange nicht gesehen haben.

Innere Bilder malen

Wenn Sie so eine Weile trainiert haben, setzen Sie Ihre inneren Bilder für Ziele ein, vor denen Sie ein wenig Angst haben: Sie malen sich in allen Einzelheiten aus, wie Sie das nächste Mal um eine Gehaltserhöhung bitten, welche Argumente Sie dabei ins Feld führen, die Reaktionen Ihres Vorgesetzten, der Ihre Leistung anerkennt – und den Gehaltszettel mit dem neuen, erhöhten Betrag.

Wenn Sie wissen, daß ein Tag mit vielen schwierigen Aufgaben und Anforderungen vor Ihnen liegt (und Sie in der Technik des Visualisierens schon etwas geübt sind), können Sie sich auch den – erfolgreichen – Ablauf des Tages Schritt für Schritt in allen Einzelheiten vorstellen. Sie werden sehen, daß dies eine sehr hilfreiche Methode ist, um gerade schwierige Tage gut zu bewältigen!

WIE SIE PROBLEME BESSER LÖSEN

Auch wenn Sie damit angefangen haben, sich mit liebevolleren Augen zu betrachten, auch wenn Sie zu neuen Denkgewohnheiten gefunden haben und die Technik des Visualisierens gezielt einsetzen, ist das natürlich keine Garantie dafür, daß von nun an alles wie am Schnürchen läuft und Sie nicht mehr mit Rückschlägen rechnen müssen.

Der Mensch ist ein viel zu kompliziertes Wesen, als daß er sich mit Hilfe von ein paar wirksamen Methoden ein für alle Male umpolen und umprogrammieren könnte und dann nichts mehr zu befürchten hätte. Dabei kommen die größten Schwierigkeiten immer wieder von ihm selbst. Er ist es, der sich ein ums andere Mal selbst ein Bein stellt, im Weg steht,

Dummheiten begeht und seine eigenen guten Vorsätze über den Haufen wirft.

Das ist auch gar nicht verwunderlich. Selbst religiöse Menschen, die an Gott glauben und fest auf die Kraft von Gebeten vertrauen, müssen sich ja immer wieder mit ihren Schwächen und Selbstzweifeln auseinandersetzen. Um so mehr trifft das auf Menschen zu, die diesen religiösen Halt nicht haben und ohne ihn an sich zu arbeiten versuchen.

Haben Sie Geduld mit sich

Auch wenn Sie bereits viel Erfahrung im besseren Umgang mit sich selbst haben, werden Sie gelegentlich Rückfälle in alte (schlechte) Gewohnheiten erleben:

- Sie machen sich wieder heftige Vorwürfe wegen eines Vorfalls, der anders abgelaufen ist, als Sie sich das vorgenommen hatten;
- Sie ärgern sich, weil Sie sich wieder einmal nicht beherrschen konnten und zum Beispiel bei unpassender Gelegenheit (vor Ihrem Chef etwa) in Tränen ausgebrochen sind, anstatt ihm Ihr Verhalten sachlich zu erklären;
- Sie haben Zeit mit unsinnigen Beschäftigungen vertrödelt;
- Sie haben den Abend mit einem Mann verbracht, der es nicht wert war.

Gefühle sind nicht immer kontrollierbar. Prägungen aus der Vergangenheit lassen sich nicht von heute auf morgen auflösen. Und manchmal überkommt uns auch einfach der Wunsch, entgegen aller guter Vorsätze wieder einmal auszubrechen, über die Stränge zu schlagen und eine Dummheit zu begehen.

Auch wenn Sie im Anschluß daran einen »moralischen Kater« kriegen, sollten Sie nicht allzu streng mit sich umgehen. Ungeduld bringt Sie nicht weiter, sondern setzt Sie unter Druck, löst wieder Ängste und Versagensgefühle aus. Lassen Sie sich nicht von sich selber zur Eile drängen: Sie sind es schließlich, die das Tempo zu bestimmen haben!

Seien Sie also geduldig mit sich und gehen Sie vertrauensvoll davon aus, daß alles vollkommen richtig geschieht, so wie es geschieht. Sie wissen ja: Fehler gehören zum Leben und sind dazu da, um daraus zu lernen. Nehmen Sie den »Rückfall« zum Anlaß, um wieder einmal über sich nachzudenken und sich folgende Fragen zu stellen:

- Was waren die Gründe für mein Verhalten?
- Wie kann ich verhindern, daß es sich wiederholt?
- Wie wichtig ist die Angelegenheit? Wird sie mich in einem Monat noch bedrücken?

Daß Sie sich Vorwürfe machen, ist normal und natürlich, aber halten Sie sich nicht zu lange damit auf. Was passiert ist, ist passiert. Es hat viele Jahre gedauert, bis Sie Ihre Verhaltensweisen erworben hatten – kein Wunder also, daß sie sich nicht über Nacht ablegen lassen. Zudem gehört es zu den menschlichen Eigenheiten, daß wir mit dem Verstand manchmal schon etwas weiter sind als mit dem Herzen und unser gefühlsbedingtes Tun den vernünftigen Einsichten hinterherhinkt.

Auch bei selbstbewußten und erfolgreichen Menschen bleibt es nicht aus, daß sie Fehler begehen und Rückschläge und Niederlagen erleiden. Im Gegensatz zu unsicheren, ängstlichen Menschen ziehen sie jedoch daraus nicht die Schlußfolgerung, daß sie unfähig oder untüchtig sind. Statt dessen betrachten sie die Angelegenheit noch einmal von allen Seiten und versuchen daraus das zu lernen, was sie ohne diese Niederlage eben nicht gelernt hätten! Nach jedem Fehler, jeder Niederlage stehen einem stets zwei Möglichkeiten offen:

Aus Niederlagen lernen

- daraus geschwächt hervorzugehen, weil man sich nun für einen Versager hält;
- daraus gestärkt hervorzugehen, weil man nun etwas Wichtiges gelernt hat.

Der Einfluß von (kleinen) Äußerlichkeiten

Manche Dinge, die uns an uns stören, können wir mit Hilfe von kleinen Tricks verändern. Gehören Sie zum Beispiel zu den Menschen, die unangenehme Dinge gern vor sich herschieben?

Bisher sind Sie wahrscheinlich so damit verfahren, daß Sie die

Sache zunächst so lang wie möglich aus Ihrem Gesichtskreis verbannten. Schließlich begannen Sie, wie eine strenge Mutter mit sich zu reden und sich Vorwürfe zu machen: »Hast du immer noch nicht deine Unterlagen für die Steuererklärung beisammen? Typisch! Du wirst wichtige Termine verpassen, wenn du nicht endlich darangehst...«

Vielleicht gibt es auch noch andere Personen, die Sie (energisch) ermahnen, nun endlich die Sache zu erledigen: Ihr Ehemann, Kollegen, ein Vorgesetzter. All dies macht es nicht verlockender, sich mit der Angelegenheit zu beschäftigen.

Liebevolle Botschaften an sich selbst

Versuchen Sie doch einmal einen ganz anderen Weg. Sprechen Sie selber so mit sich, wie Sie (als Kind) gern zur Erfüllung einer unangenehmen Aufgabe oder Pflicht angesprochen worden wären. Schreiben Sie sich zu diesem Zweck *kleine Botschaften*, die Sie zu einer positiven Einstellung umstimmen sollen: »Liebe (Ihr Vorname), Du weißt, der Termin rückt langsam näher. Setz Dich doch einmal hin und sieh Dir die Sache an. Du mußt nicht gleich alles machen – nur einen ersten Schritt. Betrachte Dir einmal die Unterlagen, und Du wirst sehen: So schlimm ist es gar nicht!«

Diesen Zettel legen Sie sich an einen Ort, wo er Ihnen täglich ins Auge fällt. Sie werden sehen: Schon nach ein, zwei Tagen können Sie sich zum ersten Schritt überwinden – und von da an fallen Ihnen die weiteren Schritte auch nicht mehr so schwer!

Ein anderes Hilfsmittel, um solche Schwächen wie das Aufschieben in den Griff zu bekommen, ist es, sich *Listen* anzufertigen. Schreiben Sie im Lauf des Tages auf einen Block jedes Vorhaben, jede erforderliche Arbeit, jede nötige Besorgung, die Ihnen in den Sinn kommt. Am Abend machen Sie daraus eine Tagesliste für den nächsten Tag; die wichtigen Aufgaben kommen nach oben, die weniger wichtigen stehen weiter unten. Streichen Sie jeweils aus, was Sie erledigt haben – und beschimpfen Sie sich nicht gleich wieder, wenn Sie eine Sache tagelang unerledigt mit sich herumschleppen. Schreiben Sie sich vielleicht nochmal eine aufmunternde Notiz neben den entsprechenden Punkt auf der Liste!

Zu den kleinen Äußerlichkeiten gehört auch dieser Rat:

Verbannen Sie alles aus Ihrem Gesichtsfeld, was als negative Suggestion auf Sie wirken könnte. Dazu zählen Buchtitel und Plakate mit negativen Aussagen, witzige Aussprüche mit bösem Inhalt, bedrohliche Schlagzeilen und ähnliches. Das heißt natürlich nicht, daß Sie sich völlig davon fernhalten, kein Buch mit einem pessimistischen Titel mehr lesen oder keine Zeitung mit negativen Schlagzeilen mehr kaufen sollen. Nur lassen Sie das Buch nicht tagelang auf dem Nachttisch liegen, so daß Ihr Blick morgens und abends darauf fällt und sich die Aussage unaufhörlich in Ihr Unterbewußtsein einprägt. Lassen Sie die Schlagzeile nur solange auf sich wirken, wie Sie den Artikel lesen.

Die Suggestionskraft von Titeln und Schlagzeilen können Sie jedoch ins Positive verwandeln, wenn Sie positive Aussagen bewußt in Ihr Gesichtsfeld holen. Das kann so geschehen, daß Sie entsprechende Bücher so legen, daß Sie sie immer wieder sehen. Sie können sich aber auch selber positive Aussagen ausdenken und sie gut lesbar auf Zettel schreiben. Diese Notiz befestigen Sie dann am Spiegel, legen Sie neben Ihr Bett oder auf Ihren Schreibtisch.

Wie man erfolgreich mit guten Vorsätzen umgeht

Haben Sie gelegentlich noch Angst davor, Ihre zahlreichen Ziele nicht zu erreichen? Sind die vor Ihnen liegenden Aufgaben so umfangreich, daß Sie glauben, sie kaum bewältigen zu können? Lassen Sie sich dennoch nicht von Ihren Vorhaben abhalten. Es gibt eine gute Methode, mit solchen Gefühlen umzugehen: Fangen Sie einfach mit *irgendeiner* kleinen Veränderung an.

Es ist völlig gleichgültig, worum es sich handelt, es kann eine ganz winzige, harmlose Sache sein, in der sich ein besserer Umgang mit sich selbst ausdrückt, etwas, das aber gerade deshalb relativ einfach in den den Griff zu bekommen ist. Hier einige Beispiele dafür:

- Sie hängen abends Ihre Sachen ordentlich auf, anstatt sie wie bisher einfach fallen zu lassen;
- falls Sie allein leben und die Angewohnheit haben, beim Essen fernzusehen oder zu lesen: Sie decken den Tisch

ansprechender, tun nichts anderes beim Essen, als die Speise
bewußt zu genießen;
- Sie kaufen sich jeden Samstag einen Blumenstrauß;
- Sie gönnen sich öfter ein Vollbad mit duftenden Essenzen;
- Sie lesen wieder einmal ein Buch, falls Sie lange nicht dazu
gekommen sind.

Zunehmend aktiver und erfolgreicher werden

Die Beispiele zeigen Ihnen, wie wenig Aufwand erforderlich
ist, wie klein der erste Ansatzpunkt sein kann. Wichtig ist dabei
nur, daß Sie die Sache, die Sie sich aussuchen, in Ihren Tages-
oder Wochenablauf einbauen und Sie sie von nun an wirklich
regelmäßig tun.

Schon bald werden Sie feststellen, daß es nicht bei dieser kleinen Veränderung bleibt und Sie einen weiteren guten Vorsatz in
die Tat umsetzen wollen. Wie Zahnräder greifen die Tätigkeiten
ineinander über und lösen eine Bewegung nach der anderen
aus, wenn die Apparatur erst einmal in Gang gekommen ist. Indem Sie eine (kleine) schlechte Gewohnheit nach der anderen
durch gute ersetzen, stellt sich Ihr Gefühl zu sich um. Sie erleben Sie sich immer weniger hilflos, fühlen sich zunehmend aktiver und erfolgreicher. Dann dauert es auch nicht mehr lang, bis
Sie sich größeren Vorsätzen annähern können.

Täglich ein kleines Erfolgserlebnis setzt Energien frei

Ein anderes Hilfsmittel ist es, sich zusätzlich zur regelmäßi-
gen kleinen Veränderung täglich ein Erfolgserlebnis zu verschaffen.

Menschen mit Selbstwertgefühl vertrauen auf ihre Kraft zu
handeln. Daraus entstehen ständig neue Erfahrungen, die ihr
Selbstwertgefühl weiter bestätigen. Indem Sie sich gezielt Erfolgserlebnisse verschaffen, stärken auch Sie Ihre Kraft zum
Handeln. Da alles an und in unserer Persönlichkeit miteinander
vernetzt ist, bewirkt die gezielte Veränderung durch – zunächst
kleine – Erfolgserlebnisse, daß Energien für weitere Handlungen freigesetzt werden.

Dazu ist es wichtig, daß Sie auch weiterin Ihre Selbstgespräche kontrollieren. Sie wissen ja, daß die innere Stimme, die
ständig unser Tun kommentiert, uns häufig bremst und uns gerade bei guten Vorsätzen gern einen Streich spielt: »Was soll das
alles? In deinem Alter kann man doch gar nichts Entscheiden-
des mehr verändern!« – »Du hast schon so oft versucht, das

Rauchen aufzugeben, du schaffst es bestimmt auch diesmal nicht!«

Sagen Sie jedesmal, wenn solche Gedanken in Ihnen aufsteigen, »stop«, und formulieren Sie sie positiv um: »Ich weiß, daß es klappt, ich habe schon so vieles geschafft!«

Falls Sie immer noch ein wenig ängstlich sind: Gehen Sie täglich ein kleines Risiko ein. Das soll natürlich nichts sein, das gefährlich oder kriminell ist. Tun Sie etwas, vor dem Sie eigentlich ein bißchen Angst haben, obwohl es nichts Besonderes ist: Machen Sie bei einer harmlosen Auseinandersetzung den ersten Schritt zur Versöhnung; legen Sie Widerspruch gegen eine Mieterhöhung ein, wenn sie ungerechtfertigt ist; verschieben Sie eine zeitlich für Sie ungünstige Verabredung.

Allmählich können Sie Ihre selbstgewählten Risiken auch steigern: Sie halten bei der nächsten Familienfeier eine kleine Rede. Sie bewerben sich bei einer neuen Arbeitsstelle, nicht, weil Sie wirklich die Firma wechseln wollen, sondern um Ihre Chancen zu testen. Sie bereinigen einen alten Konflikt am Arbeitsplatz oder in der Familie.

Selbstgewählte Risiken steigern

Überlegen Sie sich abends im Bett, welche Sache Sie am nächsten Tag in Angriff nehmen können und malen Sie sich möglichst genau aus, wie Sie vorgehen, was Sie sagen wollen. Je mehr Sie sich im Lauf der Zeit zutrauen, desto mehr Energien fließen Ihnen zu.

Sicher haben Sie in Ihrem Bekanntenkreis Menschen, die dauernd sagen: »Man müßte mal«, »Man sollte mal!«, die aber letztlich doch nichts davon in Angriff nehmen. Falls Sie selber bisher auch dazugehörten, werden Sie Ihre täglichen kleinen Erfolgserlebnisse künftig darin bestärken, grundsätzlich häufiger die Initiative zu übernehmen. Der Satz »man müßte mal« wird fast vollständig aus Ihrem Wortschatz verschwinden, weil Sie das, was man »mal tun müßte«, tatsächlich tun!

Aber auch wenn Sie nach einiger Zeit feststellen sollten, daß Sie sich zwar viel vorgenommen hatten, aber noch wenig davon realisieren konnten, gibt es keinen Anlaß zu Selbstvorwürfen in der Art: »Typisch, das ist doch wieder mal der Beweis, daß ich ein hoffnungsloser Fall bin, unfähig und willensschwach!«

Neues hinzuzulernen braucht eben seine Zeit – bei jedem

Menschen. Wer es immer wieder probiert, kommt jedenfalls weiter als jemand, der sich von vornherein gar nichts vornimmt.

Hier noch einmal eine Zusammenfassung aller Punkte, mit denen Sie Ihre Kraft zum Handeln stärken, Ihre Vorsätze ausführen und Ihre Probleme besser lösen können:

Regel 1: *Verschaffen Sie sich Erfolgserlebnisse!*
Da alles in unserer Persönlichkeit miteinander vernetzt ist, bewirkt eine Verbesserung an irgendeiner Stelle Veränderungen auch in anderen Bereichen. Nehmen Sie sich zunächst nur kleine Aufgaben vor, die Sie auch wirklich bewältigen werden; Sie erhalten dadurch den nötigen Schwung für größere Aufgaben.

Regel 2: *Verändern Sie Ihre Selbstgespräche!*
Formulieren Sie alle negativen Sätze, die Ihnen im Zusammenhang mit Ihren eigenen Handlungen durch den Kopf gehen, in positive Aussagen um.

Regel 3: *Suchen Sie nach den »Belohnungen«, die Sie in bestimmten Situationen festhalten.*
Machen Sie sich bei allen Klagen über irgendeinen Sachverhalt bewußt, ob Sie ihn wirklich verändern wollen, oder ob Sie wegen einer bestimmten »Belohnung« daran festhalten. Überlegen Sie sich dann, ob Sie sich wirklich weiter beklagen wollen, oder ob Sie sich mit einer Veränderung nicht eine wirkliche Belohnung verschaffen könnten!

Regel 4: *Schieben Sie nichts mehr auf!*
Es lähmt Sie, wenn Sie die Angewohnheit haben, alle unangenehmen Aufgaben aufzuschieben. Das schlechte Gewissen drückt und verstärkt Ihr Gefühl der eigenen Unzulänglichkeit. Es macht passiv auch auf anderen Gebieten. Nehmen Sie sich vor, täglich wenigstens eine Aufgabe zu erledigen, die Sie schon längst hätten erledigen sollen.

Regel 5: *Gehen Sie täglich ein kleines »Risiko« ein!*
Testen Sie Ihre Möglichkeiten aus, indem Sie jeden Tag etwas machen, das ein wenig aus dem gewohnten Rahmen fällt und Ihren Handlungsspielraum erweitert.

Regel 6: *Übernehmen Sie die Initiative!*
Sagen Sie in Zukunft nicht mehr:»Man müßte mal, man sollte mal!«, ohne daß dann irgend etwas geschieht. Sondern übernehmen Sie die Initiative, das dann auch zu tun,»was man mal tun müßte!«

Regel 7: *Setzen Sie Prioritäten!*
Gewöhnen Sie sich an, alle wichtigen Pläne und Vorhaben in der Reihenfolge ihrer Bedeutung aufzuschreiben. Abends wird alles Erledigte ausgestrichen und eine neue Liste für den nächsten Tag zusammengestellt.

Regel 8: *Fürchten Sie sich nicht vor Problemen!*
Wenn eine neue Aufgabe auf Sie zukommt, bei der Sie zunächst noch nicht wissen, wie Sie damit umgehen sollen, fragen Sie sich;
1. Wie lautet das Problem?
2. Was ist die Ursache?
3. Welche Lösungen sind denkbar?
4. Welche Lösung wähle ich?

Regel 9: *Vertrauen Sie Ihrem Unterbewußtsein!*
Wenn Sie mit einem Problem trotz Ihrer Bemühungen nicht weiterkommen und keine Lösung sehen, vertrauen Sie es Ihrem Unterbewußtsein an. Formulieren Sie die Fragestellung noch einmal innerlich, bevor Sie einschlafen, und»vergessen« Sie die Sache dann. Sie können ganz sicher sein, daß Ihr Unterbewußtsein Ihnen die beste Lösung mühelos präsentieren wird!

Regel 10: *Gestalten Sie Ihren Tag!*
Lassen Sie ihn nicht gestalten, indem Sie Zeit mit Dingen vertrödeln, die Sie eigentlich gar nicht tun wollen, sondern gestalten Sie ihn selbst.

Die Bedeutung von Konzentration und Aufmerksamkeit

Indem Sie sich Ihre Ziele immer wieder deutlich bewußt machen, erfüllen Sie bereits eine wichtige Voraussetzung für ihre Verwirklichung: Sie richten Aufmerksamkeit und Konzentration darauf. Ohne eine solche Aufmerksamkeit ereignen sich zwar gelegentlich kleine Wunder im Leben, und es fällt uns unerwartet etwas zu, ohne daß wir wissen, wie sich das erklären läßt. Es wäre jedoch reichlich fatalistisch, sein Leben auf solchen Zufällen aufzubauen. Um etwas zu erreichen, müssen wir schon etwas dafür tun!

Und dieses Tun beginnt damit, daß wir unsere Aufmerksamkeit auf eine Sache richten, sie gewissermaßen wie mit einem Scheinwerfer beleuchten und in den Mittelpunkt unseres Interesses stellen.

Ein Geigenvirtuose wird nicht durch Zufall berühmt; er hat seine Aufmerksamkeit früh auf den Umgang mit der Geige gerichtet und sich voll darauf konzentriert; eine schöne Schauspielerin richtet ihre Aufmerksamkeit auf die Entwicklung ihrer Ausdrucksfähigkeit und die Vervollkommnung ihres Aussehens, ihres Typs. Ein Spitzensportler konzentriert sich auf die ständige Verbesserung seiner Leistung, und ein Spitzenkoch erledigt seine Tätigkeit nicht halbherzig, sondern kümmert sich mehr als seine Kollegen um die Verfeinerung seiner Künste.

Auch wenn Sie sich nicht so ausschließlich auf einen einzigen Bereich konzentrieren wollen, gilt: Worauf auch immer Sie Ihre Aufmerksamkeit richten, das holen Sie in Ihr Leben. Und auch: Worauf Sie Ihre Aufmerksamkeit *nicht* richten, damit haben Sie nichts oder nur am Rande zu tun!

Keine Angst vor falschen Entscheidungen

Diese Überlegung sollte Sie zuversichtlich machen. Denn Sie zeigt Ihnen, daß Sie viel mehr Gestaltungsfreiheit haben, als Sie vielleicht bisher dachten.

Die Qual der Wahl nicht scheuen

Manchen Menschen macht es aber auch Angst sich vorzustellen, daß so vieles in ihrer Hand liegt und von ihrer Aufmerksamkeit abhängt. Denn es hat zur Folge, daß man die Wahl hat und Entscheidungen treffen muß: für oder gegen etwas, für oder gegen einen bestimmten Weg, für oder gegen die eigene Bequemlichkeit, für oder gegen die Konzentration auf eigene Ziele.

Man kann sich nicht mehr länger einreden: »Ich hätte ja gern einen großartigen Roman verfaßt, einen anderen Beruf ausgeübt, ich wäre so gern ins Ausland gegangen, aber meine Lebensumstände haben es nicht zugelassen!«

Nein, die Antwort lautet in der Regel: »Ich hätte es gern getan, aber ich habe meine Aufmerksamkeit nicht voll darauf gerichtet.« Oder auch: »Ich habe andere Prioritäten gesetzt – meine Familie war mir eben wichtiger!« Natürlich gibt es Ausnahmen, in denen Menschen ohne eigenes Zutun auf ursprüngliche Lebensziele verzichten müssen: in Kriegszeiten, in Diktaturen, in Zeiten großer Arbeitslosigkeit, aber auch nach einem schweren Unfall, nach schwerer Krankheit. Sich ihnen zu beugen, ist unvermeidbar.

Für gewöhnlich gilt jedoch: Die Aufmerksamkeit auf einen wichtigen Lebensbereich zu richten, das kann große Konsequenzen nach sich ziehen. Und vor diesen Konsequenzen schreckt man manchmal ängstlich zurück. Man muß ja die Entscheidung treffen, sein Leben dem Ziel entsprechend umzugestalten, alte Sicherheiten aufzugeben, Neuland zu betreten.

Im Fall des Romans, von dem jemand träumt, heißt es, sich Freiraum zum Schreiben zu verschaffen – entweder nachts und am Wochenende, oder indem man seine Stelle aufgibt. »Das kann ich mir finanziell nicht leisten«, lautet dann die Entschuldigung dafür, diesen Schritt zu unterlassen. Wer vom Auswandern träumt und sich in Australien, Kanada oder Amerika sieht, aber gar nichts zur Realisierung tut, ist ebenfalls nicht mit ganzem Herzen bei der Sache.

Dahinter steckt – sowohl in diesen Fällen als auch bei anderen Entscheidungen mit weitreichenden Konsequenzen – die Angst vor dem Risiko. Was soll nur werden, wenn ich mich für diesen Weg entscheide und mich dann nicht mehr ernähren kann? Was soll nur werden, wenn ich mich für eine bestimmte Sache entscheide und es hinterher bereue? Was soll nur werden, wenn ich hier alles aufgebe und im Ausland gar nicht glücklich werde? Was soll nur werden, wenn ich eine falsche Entscheidung treffe?

Angst vor dem Risiko abbauen

Wenn man sich die Biographien bedeutender Menschen ansieht, wird man *immer* entdecken, daß sie Risiken eingingen, daß sie die glatten Wege der Bequemlichkeit verließen und für ihre Überzeugungen nicht selten sogar das Risiko einer Bestrafung, eines Gefängnisaufenthalts eingingen.

Was letztlich daraus werden würde, konnten sie zum Zeitpunkt ihrer Entscheidung nicht voraussehen – sie folgten einfach ihrer inneren Überzeugung und nahmen das Risiko auf sich.

Vielleicht zögern Sie bei gravierenden Entscheidungen, weil Sie fürchten, daß Sie etwas verlieren könnten: Ihren sicheren (aber ungeliebten) Arbeitsplatz, den Freundeskreis (falls Sie für einen Jobwechsel in eine andere Stadt ziehen müßten), die liebgewonnenen Kollegen (wenn Ihnen eine Aufstiegschance nahegelegt wird).

Speziell in beruflicher Hinsicht neigen Frauen stärker als Männer dazu, sich lieber am Vertrauten festzuhalten als unbekanntes Terrain zu betreten. Vor die Wahl gestellt, eine verantwortliche Position, verbunden mit Gehaltserhöhung, zu übernehmen oder am bisherigen Arbeitsplatz zu bleiben, wählen nicht wenige den zweiten Weg. Vor allem dann, wenn das Betriebsklima gut ist und sie sich unter den bisherigen Kollegen wohl fühlen.

Sich für Neues zu entscheiden, birgt immer ein Risiko in sich – und davor scheuen viele zurück. Das hat nicht allein mit der Angst vor dem Risiko an sich zu tun. Allein der Begriff »falsche Entscheidung« jagt vielen Leuten Angst ein.

Schon im Kindergarten bekommen wir beigebracht, daß man »falsche« und »richtige« Entscheidungen treffen kann, und daß es besser ist, sich eine Entscheidung lang zu überlegen. Dem Kind werden zwei Fäuste entgegengestreckt: »In welcher Hand ist das Ringlein?«

Es tippt auf die rechte Faust, »falsch gewählt«, der Ring war leider in der linken Faust – was für ein Jammer!

So entsteht der Eindruck, daß es im Leben ähnlich zugeht: bei der Entscheidung für A ziehen wir eine Niete, bei der Entscheidung B winkt uns eine Belohnung.

In Wirklichkeit gibt es im Leben solche »richtigen« oder »falschen« Entscheidungen kaum (außer in Entscheidungen um Leben und Tod). Egal welche Entscheidung Sie gewöhnlich treffen – sie ist immer richtig! Denn jeder Weg, ob A, B, C oder D, birgt ganz unterschiedliche Möglichkeiten, Chancen, Risiken, Begegnungen, Erfahrungen, und durch alle können wir etwas lernen, also Gewinn daraus ziehen. Auch oder gerade aus den weniger guten Erfahrungen!

Die Angst vor einer falschen Entscheidung verringert sich, wenn Sie Selbstvertrauen besitzen und überzeugt davon sind, daß Sie mit Schwierigkeiten fertigwerden können.

Dieses Selbstvertrauen entsteht nicht, wenn jemand stets den bequemen Weg des geringsten Widerstandes geht und nie etwas riskiert. Auf diese Weise ergeben sich kaum Gelegenheiten, sich zu erproben und zu erfahren, ob man auch schwierigeren Aufgaben gewachsen ist. Erst wenn Sie schon ein paarmal knifflige Situationen gut bewältigt haben – einschließlich der Fehler, die man anfangs dabei macht –, dürfen Sie die Erfahrung machen, daß Sie sich zu helfen wissen.

Der Weg des geringsten Widerstandes ist bequem

Das macht Sie mutiger und unternehmungslustiger, neue Aufgaben anzupacken. Und nur so werden Sie weiterkommen!

Grübeln Sie vor Entscheidungen also nicht mehr länger: »Was soll nur werden, wenn ich eine falsche Entscheidung treffe?« Sondern fragen Sie sich bei der Wahl: Paßt dieser Weg zu meinem Lebenskonzept? Führt er mich näher auf mein Ziel zu oder entfernt er mich davon? Liegt er auf meiner Linie? Bietet er Erlebnisse, auf die ich neugierig bin? Und dann entscheiden Sie sich – ohne Angst. Sie haben in jedem Fall die richtige Wahl getroffen, weil Sie auf Ihrem Weg neue, wichtige Erfahrungen machen werden!

Lernen Sie loszulassen

Vieles von dem, was uns das Leben erschwert und uns oft schmerzhaft zu schaffen macht, hängt damit zusammen, daß wir auf eine bestimmte Sache oder einen bestimmten Menschen fixiert sind. Wir möchten zum Beispiel einen bestimmten Mann für uns gewinnen. Wir wollen unbedingt ein bestimmtes Ziel erreichen, eine bestimmte Sache bekommen. Oder wir wollen, daß ein uns nahestehender Mensch sich genau so verhält, wie wir es erwarten.

Aus Gründen, die wir nicht beeinflussen können, gestaltet sich die Angelegenheit jedoch schwieriger, als wir es uns erhoffen. Und nun beginnt das Problem. Sicher haben auch Sie schon die leidvolle Erfahrung gemacht, daß Ihr Ziel sich um so weiter von Ihnen entfernt hat, je verkrampfter Sie ihm hinterhergejagt sind, je mehr Sie den Erfolg erzwingen wollten.

Diese Erfahrung machen beispielsweise auch Mütter, die heranwachsende Kinder nicht loslassen und ihre eigenen Wege gehen lassen wollen: Je mehr sie sich an das Kind klammern, desto ablehnender verhält es sich und entzieht sich der mütterlichen Umklammerung.

Gleiches gilt für Partnerschaften, in denen einer den anderen mit erdrückender Liebe festhält. Je größer die Willensanstrengungen des einen sind, den anderen an sich zu binden, desto abweisender und rücksichtsloser wird das Verhalten des anderen. Am Ende steht die völlige Trennung.

Viel Kummer und Leid ließe sich ersparen, wenn wir loslassen und uns leichter aus Situationen lösen könnten, die uns seelischen Schaden zufügen. Doch warum fällt uns das oft so schwer? Wenn die Angst vor dem Loslassen mit den Gefühlen zu einem anderen Menschen verbunden ist, steckt dahinter die große Angst, ohne diesen Menschen (und das Gefühl für ihn) mit leeren Händen dazustehen. Man hat ihn zum Mittelpunkt und einzigen Lebensinhalt gemacht. Je mehr er sich entzieht, desto größeren Raum nehmen die Gedanken an ihn ein. Für anderes ist gar kein Platz mehr. So muß einen die Vorstellung, es könnte ganz aus sein, mit Panik erfüllen: Was gibt es sonst noch im eigenen Leben außer ihm?

Auch die Angst vor dem Loslassen bestimmter Ziele, die wir unbedingt, »mit aller Gewalt« erreichen wollen, hat damit zu tun, daß wir der Angelegenheit zu breiten Raum in unserem Denken gegeben haben. Klappt es nicht wie gewünscht, tritt an die Stelle unserer Pläne eine große Leere, die wir nicht ertragen.

Gibt es in Ihrem Leben etwas, das Sie nicht loslassen können? Einen Menschen? Ein Ziel? Eine Einstellung, die Sie hindert, bestimmte Dinge gelassen hinzunehmen?

Loslassen ist ein aktiver Vorgang Machen Sie sich bewußt, was es ist. Fragen Sie sich, was passieren würde, wenn Sie nicht mehr daran festhielten. Versuchen Sie, sich andere Möglichkeiten als Ersatz vorzustellen und Abstand davon zu bekommen. Das heißt nicht, daß Sie den Wunsch danach ganz aufgeben sollen. Setzen Sie sich mit ihm auseinander – und vertrauen Sie dann einfach darauf, daß alles seinen richtigen Weg gehen wird. Loslassen ist nicht einfach ein passives Geschehenlassen, sondern es ist ein schöpferischer Vorgang: Ich nehme Beziehung zu einer Sache auf, schenke ihr Aufmerksamkeit und ziehe sie so auf natürliche Weise in meinen Erfahrungskreis. Wenn es um einen Menschen geht: Machen Sie sich bewußt, daß Sie nichts erzwingen können. Wenn er der

Richtige ist, wird sich die Sache gut entwickeln. Wenn nicht, können Sie ihn auch nicht mit Gewalt an sich binden.

Versuchen Sie, sich nicht mehr so ausschließlich auf ihn zu konzentrieren. Richten Sie Ihr Augenmerk vielmehr darauf, sich andere Inhalte in Ihr Leben zu holen. Solange Sie nicht loslassen können, solange sind Sie nicht wirklich frei – und so lange werden Sie Enttäuschungen erfahren.

Wenn Sie dagegen loslassen können, wird Ihr Leben eine völlige Wendung erfahren. Es wird plötzlich wesentlich leichter und heiterer. Und Sie werden die Erfahrung machen: Vieles von dem, was Sie sich früher vergeblich wünschten und erzwingen wollten, fällt Ihnen jetzt ohne Anstrengung zu. Sie brauchen nichts mehr nachzujagen! Sie bekommen es ganz von selbst – oder sogar noch etwas Besseres! Denn manchmal haben wir eine bestimmte Sache so sehr ins Auge gefaßt, daß wir bessere Möglichkeiten gar nicht zulassen. Erst wenn wir loslassen, bekommen auch sie eine Chance, in unser Leben zu treten.

Das neue Selbstwertgefühl

Sie sehen, es gibt keinen Grund mehr, mit Ängsten in Ihre Zukunft zu blicken. Sie wissen jetzt, daß Sie sich nicht mehr dauernd überlegen müssen, was andere möglicherweise machen werden. Sie müssen sich auch keine Abwehrstrategien gegen wirkliche und eingebildete Feinde – Kollegen, Vorgesetzte, Familienmitglieder – ausdenken. Denn Sie haben jetzt die Gewißheit: Ich brauche mir nichts (mehr) gefallen zu lassen, ich bin fähig, im entscheidenden Augenblick zu handeln, ich vertraue darauf, richtig zu handeln. Ganz gleich, was auf mich zukommt, ich werde mit allem fertig.

Mit diesem neuen Selbstwertgefühl gehen Sie auch an schwierige Aufgaben ganz anders heran. Vielleicht haben Sie früher vor einer unangenehmen Situation manchmal »den Kopf eingezogen«, etwa wenn

Vertrauen in die eigene Stärke wächst

- ein Beschwerdebrief zu beantworten war;
- wenn Sie um die längst fällige Gehaltserhöhung bitten wollten;
- wenn Sie sich das Verhalten Ihres Partners nicht mehr länger gefallen lassen wollten.

Jetzt brauchen Sie bei so einer Sachlage Ihren Kopf nicht mehr einzuziehen. Sie wissen vielmehr: Ich muß nicht passiv abwarten, was passiert, sondern ich handle selbst, und ich habe die Kraft dazu!

Verschaffen Sie sich immer wieder das Gefühl, »Herr der Lage« zu sein, kneifen Sie nicht! Mit jeder neuen Herausforderung, die Sie bewältigen, wird Ihr Vertrauen in Ihre Stärke wachsen und damit auch Ihr Selbstwertgefühl. Testen Sie sich aus, wie weit Sie gehen können und wie groß Ihre Möglichkeiten sind. Trauen Sie sich – nicht verbissen, sondern ganz aus spielerischem Antrieb – immer neue Aufgaben zu.

Natürlich wird es nicht ausbleiben, daß bestimmte neue Situationen doch noch Angst in Ihnen verursachen werden, aber das macht gar nichts: Handeln Sie trotzdem voller Zuversicht! Nur indem Sie Ängste überwinden, verwandeln Sie Gefühle der Hilflosigkeit in Gefühle der Stärke.

Ich finde mich gut, ich finde dich gut: Was Sie anderen geben können

Ihre neuen Erfahrungen mit sich selbst, das Erleben Ihrer wachsenden Kräfte, werden früher oder später dazu führen, daß sich Ihr Blick auch wieder stärker nach außen wendet und Sie sich fragen: Welchen Beitrag könnte ich dazu leisten, daß es auch anderen besser geht?

Sich selbst zu lieben heißt ja auf keinen Fall, daß man selbstsüchtig nur noch das eigene Wohl im Auge hat. Eigenes seelisches Wohlbefinden ist nur unter der Voraussetzung dauerhaft zu bekommen, daß man auch anderen dazu verhilft, es zu erlangen.

Auf andere Menschen positiv ausstrahlen

Schon allein Ihr Vorbild kann eine große Hilfe für Leute mit ähnlichen Problemen darstellen. Wenn sie sehen, wie sehr Sie sich verändert haben, können sie dadurch selbst neue Zuversicht für sich gewinnen. Ganz besonders dann, wenn Sie bisher als sehr unscheinbar gegolten haben. Mit Ihrem Beispiel zeigen Sie: »Wenn ich es geschafft habe, dann kannst du es auch!«

Ein wichtiger Beitrag ist es auch, wenn Sie Ihr Wissen und Ihre Selbsterkenntnisse im Umgang mit Ihrer Familie, Ihrem

Partner, Ihren Kindern, Ihren Eltern anwenden. Ermutigen Sie ganz bewußt alle Ihnen nahestehenden Menschen, anstatt sie zu entmutigen. Sie wissen ja, welche langanhaltende, aufbauende und bestärkende Wirkung lobende Beurteilungen haben!

In Selbstachtung und der Achtung für andere innerhalb der Familie umzugehen, bedeutet

- daß Sie miteinander sprechen und den anderen anteilnehmend und aktiv zuhören. Aktiv und anteilnehmend zuzuhören heißt, auf Äußerungen anderer nicht mit mechanischen Antworten zu reagieren, sondern Rückfragen zu stellen, die echtem Interesse entspringen;
- daß Sie häufiger loben als kritisieren und – wenn Sie Kritik üben – gleichzeitig einen Vorschlag zur Verbesserung machen;
- daß Sie sich gegenseitig ermutigen und stützen;
- daß niemand kleingemacht wird;
- daß sich alle innerhalb der Familie respektieren, gleichzeitig aber auch Respekt für andere vermittelt wird;
- daß es ein Rechts- und Unrechtsbewußtsein gibt, nach dem die Erwachsenen handeln und die Kinder erzogen werden;
- daß Sie Ihr Kind, Ihre Kinder ermutigen, mit Ihnen über ihre Träume zu sprechen. Bestätigen Sie sie in ihrem Vorhaben und überlegen Sie mit ihnen Wege zur Verwirklichung, wenn sie das möchten.

Auch im Kollegenkreis können Sie Ihre Erfahrungen umsetzen. Manche Menschen geben sich nur den Anschein, selbstbewußt zu sein. In Wirklichkeit sind sie aber weit davon und versuchen deshalb, andere kleinmachen oder für ihre Interessen zu benutzen. Das haben Sie nicht nötig. Sie können im Bewußtsein Ihrer Stärke klar und integer handeln. Sie brauchen nicht Listen und Intrigen anzuwenden, um bestimmte Ziele zu erreichen. Sicher haben Sie es schon bemerkt, daß es ein ganz anderes Wohlgefühl erzeugt, wenn man großzügig sein und denken kann und nicht mit kleinlichen Neidereien und abfälligen Bemerkungen negative Gefühle in sich oder anderen erzeugt.

Vielleicht haben Sie auch schon die ungute Stimmung in manchen Gruppen erlebt, die von Neid erfüllt sind und nur mit Mißgunst auf die Erfolge anderer blicken können. Jeder neidische, mißgünstige, haßerfüllte Gedanke verbessert gar nichts. Er trübt nur das Wohlbefinden derjenigen, die sie haben und äußern, und derjenigen, die ihnen zuhören und sich davon anstecken lassen.

Auch der Umgang mit Pessimisten bringt wenig Gewinn. Sie werden es bald selbst merken, daß Sie immer weniger Lust haben, sich mit Leuten zu befassen, die überall nur das Haar in der Suppe entdecken, vom Leben und der Zukunft nur das Schlimmste erwarten und bei jedem Veränderungsvorschlag meinen: »Das geht doch gar nicht!« oder »Das bringt doch gar nichts!«

Ob Pessimismus oder Haß, Neid oder Mißgunst: Auch hinter diesen Einstellungen verbirgt sich eine Opferhaltung. Weil jemand es sich selbst nicht zutraut oder zu bequem dazu ist, seine Geschicke erfolgreich in die Hand zu nehmen, schiebt er anderen die Schuld dafür zu, daß es ihm nicht so gut geht.

Sie brauchen aber gar nicht den Versuch zu machen, solche Miesmacher, Neider oder Schwarzseher umzuerziehen. Am besten wirkt allein Ihr gutes Beispiel.

Machen Sie mutlose Menschen, wenn sie Sie nach dem Grund für Ihren Optimusmus fragen und Ihnen zuhören wollen, ruhig mit den Grundzügen des positiven Denkens vertraut. Aber versuchen Sie nie, andere dazu zu überreden. Wer sich mit diesen Gedanken nicht beschäftigen möchte, ist noch nicht so weit oder braucht es vielleicht auch nicht.

Freundschaften bewußt gestalten

Meiden Sie nach Möglichkeit die Gesellschaft von Leuten, die sich auf Kosten anderer profilieren wollen, die sich aufzuwerten versuchen, indem sie andere abwerten, schlechtmachen, ausnützen.

Schließen Sie statt dessen Freundschaften mit Menschen, in deren Gesellschaft Sie nicht auf der Hut sein müssen, sondern sich wirklich wohl fühlen können, die sich vielleicht sogar auf einem ähnlichen Weg wie Sie befinden und weiter sind, und die deshalb viel zu geben haben: durch ihre positive Ausstrahlung, durch ihr Beispiel, durch ihre Ermunterung anderer, durch Humor und Fröhlichkeit, durch Liebe.

Geben auch Sie anderen, was Sie geben können: Zeit, Informationen, Anerkennung, Hilfestellung, Nächstenliebe, Liebe.

Leben Sie in dem Bewußtsein, daß Sie kein Rädchen im Getriebe sind, sondern ein Mensch, auf den es ankommt!

Jeder Tag ist ein Geschenk

Das Glücksgefühl, sich morgens nach dem Aufwachen von ganzem Herzen auf den Tag zu freuen, können vor allem die Menschen empfinden, die eine schwere Krankheit, eine Depression, eine schmerzhafte Trennung überstanden haben.

Die mit solchen Krisen verbundene Angst, daß alles verloren sein könnte, schärft die Empfindung dafür, wie kostbar jeder Augenblick unseres Lebens ist.

Doch auch wer ohne eine solche tiefgreifende Krise gelernt hat, seine Ängste zu überwinden und sich mehr zuzutrauen, wird empfänglicher für das Gefühl bewußter Daseinsfreude.

Wenn Sie die kritische innere Stimme erst einmal weitgehend ausgeschaltet haben oder sich besser gegen sie zu wehren wissen, wird Ihnen der Genuß freudvoller Augenblicke nicht mehr durch ständige Befürchtungen, Sorgen und Bedenken getrübt.

Wirkliche Freude zu erleben – das hat im übrigen nichts mit Geld und Besitz, mit Status, Einfluß oder Macht zu tun. Wirkliche Freude läßt sich durch so viele Dinge erleben, die nichts kosten. Durch die Natur zum Beispiel: durch den Wechsel der Jahreszeiten und die damit verbundenen Veränderungen der Landschaft, durch die wechselnden Stimmungen, die durch das Wetter – Sonne, Wind, Regen, Wolken – hervorgerufen werden, durch blühende Gärten, Spiegelungen auf einem Gewässer, durch den Duft von Pflanzen und Erde, durch Geräusche wie dem Plätschern eines Baches oder dem Rauschen des Meeres.

Wer zu sich selbst gefunden hat, dem wird alles zum Geschenk und zur Freude. Machen Sie sich immer wieder selbst solche Geschenke:

- Setzen Sie sich in der Mittagspause eine halbe Stunde in die Sonne;
- lassen Sie Spiegelungen und Geräusche eines Sees (Flusses, Baches) auf sich wirken;
- gehen Sie (am Wochenende, im Urlaub) frühmorgens durch eine taunasse Wiese.

Durch viele Dinge wirkliche Freude erleben

Auch Werke der Kunst – Literatur, Malerei, Musik – sind immer wieder dazu geeignet, das Leben mit Freude zu erfüllen.

Jeden Tag als Geschenk empfinden zu können, dazu gehört, daß Sie sich von »Krafträubern« fernhalten und sich immer neue Kraftquellen erschließen.

Zu den Krafträubern gehören beispielsweise (wahlloses) Fernsehen, weil es Ihnen Zeit raubt und ermüdet, Alkohol und andere Drogen, negative Gefühle wie Neid, Haß, Ärger, Unversöhnlichkeit, Furchtsamkeit, aber auch Menschen, die sich nicht von solchen Krafträubern fernhalten.

Als Kraftquellen wirken hingegen die Natur, Kunst, Arbeit an sich selbst, Gefühle wie Liebe und Nächstenliebe, Verantwortung für andere, religiöser Glaube, kreatives Handeln – und Menschen, die sich davon leiten lassen.

Noch nie hatten die Menschen soviel Freizeit wie heute, doch noch nie war auch das Angebot, Zeit mit sinnlosen Dingen zu vergeuden und totzuschlagen, so groß wie heute.

Die Zeit mit Erleben erfüllen

Nutzen Sie Ihre Zeit, indem Sie sich morgens noch vor dem Aufstehen den optimalen Verlauf des Tages vorstellen und Ihre Planung einhalten. Verbringen Sie auch Ihre Freizeit nach Möglichkeit mit sinnvollen Beschäftigungen. Sinnvoll sind alle Tätigkeiten, die Sie innerlich weiterbringen, die Ihrer Gesundheit dienen, bei denen Sie entspannen und sich mit neuen Energien aufladen können. Dazu zählen sowohl positive körperliche Betätigungen wie Spazierengehen an der frischen Luft, Gartenarbeit, Schwimmen und dergleichen als auch die Beschäftigung mit Kunst und Kultur, die Pflege von Freundschaften, die Zeit, die Sie mit Ihrer Familie verbringen.

Jeder Tag kann zum Geschenk werden, wenn Sie sich immer wieder neue Herausforderungen vornehmen und ausprobieren, ob Sie das schaffen, was Sie sich vorgenommen haben! Das müssen keine großartigen Vorhaben sein. Ihr Vorsatz kann auch darin bestehen, wieder einmal ein Buch zu lesen, in ein Konzert oder Theaterstück zu gehen, eine Kunstausstellung zu besuchen, Freunde zu sich einzuladen und zu bewirten oder mit der Familie in ein gutes Restaurant zu gehen.

Es sind solche Ereignisse, die dazu beitragen, daß Sie Ihre Energien immer wieder neu auftanken, sich wohl fühlen, sich aktiv und stark empfinden. Indem Sie nicht passsiv warten, daß etwas geschieht, sondern selber handeln und Ihre Kräfte voll ausschöpfen, wachsen Ihnen immer neue Kräfte zu. Sie selbst sind es, die Freude und Erfüllung in Ihr Leben bringen können, es liegt an Ihnen, es sinnvoll, wichtig und beispielhaft zu machen. Dann werden Sie sich auch voller Überzeugung sagen können: »Ich finde mich gut!«

Aber vergessen Sie nicht: Gut sind Sie nicht erst dann – Sie sind es auch schon jetzt!

Frau & Alltag
Die Ratgeber-Reihe für Frauen

In gleicher Ausstattung ist erschienen:

Beate Diele

Allein erziehen
So schaffen Sie es optimal

Ein Buch für Mütter

ISBN 3-7304-0418-0

Immerhin 2,8 Millionen (vorwiegend weibliche)
Alleinerziehende gibt es in Deutschland. Für sie
schreibt die Fachjournalistin warmherzig und
sachkundig aus eigener Erfahrung zu Themen wie
* neue Situation nach der Scheidung
* Besuchsrecht
* Unterhalt
* Gar kein Vater oder besser ein »halber«?
* Rechte der alleinerziehenden Mütter
* Welche Stellen helfen?
   usw.

Verlag für die Frau

Zu beziehen im Buchhandel